Himmlisch gesund

LYNN HOEFER

Himmlisch GESUND

Natürliche Rezepte für
ein gutes Leben

Jan Thorbecke Verlag

VERLAGSGRUPPE PATMOS

PATMOS
ESCHBACH
GRÜNEWALD
THORBECKE
SCHWABEN
VER SACRUM

Die Verlagsgruppe
mit Sinn für das Leben

DISCLAIMER Die in diesem Buch dargestellten Inhalte wurden nach meinem besten Wissen und Gewissen erstellt. Die gesundheitlichen Tipps in diesem Buch ersetzen keine medizinische Therapie. Meine Rezepte folgen dem Prinzip eines generellen glücklichen und gesunden Lebens. Bei akuten gesundheitlichen Problemen sollte immer ein Arzt konsultiert werden.

DIE AUTORIN Lynn Hoefer ist Food-Bloggerin, ganzheitliche Ernährungsberaterin, Food-Stylistin und Kolumnistin. Während ihres BWL-Studiums in den USA erhielt Lynn die Diagnose Bluthochdruck und fand so zur gesunden Ernährung. Sie begann ihre Leidenschaft für natürliche Rezepte auf ihrem Blog Heavenlynn Healthy zu veröffentlichen. Ihr Blog zählt zu den erfolgreichsten deutschen Blogs im Bereich gesunde und ausgewogene Ernährung. Die gebürtige Staderin lebt mit ihrem Freund im historischen Lüneburg. »Himmlisch gesund« ist ihr Debüt-Kochbuch.

Folge Heavenlynn Healthy:
www.heavenlynnhealthy.com

 @heavenlynnhealthy    www.pinterest.com/HeavenlynnHealthy

 www.facebook.com/HeavenlynnHealthy   www.youtube.com, suche nach Heavenlynn Healthy

Für die Verlagsgruppe Patmos ist Nachhaltigkeit ein wichtiger Maßstab ihres Handelns. Wir achten daher auf den Einsatz umweltschonender Ressourcen und Materialien.

10. Auflage 2022
Alle Rechte vorbehalten
© 2018 Jan Thorbecke Verlag
Verlagsgruppe Patmos in der Schwabenverlag AG, Ostfildern
www.thorbecke.de

Fotos: Cover-Foto und S. 6, 21, 24: Christian Boldt; S. 9, 11, 22, 32, 35, 39, 40, 179, 188, 193, 196, 199, 200, 223: Diana Lossin Art Photo. Alle übrigen Fotos © Lynn Hoefer.
Gestaltung: Finken & Bumiller, Stuttgart
Druck: Finidr s.r.o., Český Těšín
Hergestellt in Tschechien
ISBN 978-3-7995-1291-6

INHALT

ZU BEGINN

Dieses Buch enthält keine Superformel für ein gesünderes und schöneres Leben. Es enthält auch keine neue Diät, bei der man auf geliebte Dinge verzichten muss. Dieses Buch ist eine Sammlung meiner Lieblingsrezepte, die mir ein gesundes und ausgewogenes Leben ermöglichen. Auf meinem Blog *Heavenlynn Healthy* dreht sich alles um den Spaß an gesunder Ernährung. Um natürliche Zutaten und deren Nährstoffe. So auch in diesem Buch. Wie immer sind alle Rezepte frei von Haushaltszucker, Milchprodukten und Weizen und enthalten ausschließlich pflanzliche Zutaten. Es sind die Rezepte, die mir dabei geholfen haben, gesünder und glücklicher durchs Leben zu gehen. *Himmlisch gesund* wäre ohne meine Leser niemals zustande gekommen. Danke für eure Unterstützung, fürs Mutmachen und für eure Akzeptanz.

Für meine wunderbaren Leser.
Dieses Buch ist für euch.

WIE ALLES BEGANN ...

Meine Geschichte begann im Herbst 2012 mit der Diagnose Bluthochdruck. Zu dieser Zeit studierte ich in North Carolina. Tausende Kilometer entfernt von zu Hause musste ich diese Diagnose erst einmal googeln, weil mir als ehemaliger Leistungssportlerin die Diagnose »Hypertonie« überhaupt kein Begriff war. Ich wurde auf Medikamente eingestellt und versuchte, meine Krankheit ein Semester lang quasi zu verdrängen. Das ging ziemlich gut, da Bluthochdruck kaum zu spüren ist, weshalb er auch »the silent killer« genannt wird. In den Weihnachtsferien flog ich zurück nach Deutschland, wo mich diverse Kardiologen und Nierenspezialisten untersuchten. Laut Kardiologie hatte ich immer noch den Puls einer ehemaligen Leichtathletin mit dem Blutdruck einer 89-Jährigen. In jedem Wartezimmer wurde ich von den älteren Patienten gemustert – sie fragten sich wahrscheinlich dasselbe wie ich: was ich hier machte. Die Ärzte fanden keine Ursache und gaben mir noch mehr Medikamente mit dem Hinweis, dass ich nun mein Leben lang auf diese Tabletten angewiesen sein würde. Außerdem ergänzten sie, dass das mit den Tabletten ja erst problematisch werden würde, wenn ich schwanger werden wolle. Aber so weit sei es ja noch lange nicht.

Ernährung als Medizin

Zurück in den USA entdeckte ich Pinterest und Instagram für mich. Ich folgte meinen ersten beiden Bloggerinnen, Ella Mills von Deliciously Ella und Sarah Britton von My New Roots, durchforstete ihre Blogs, stieß auf weitere tolle Persönlichkeiten wie Angela Liddon von *Oh She Glows* oder Luise und David von *Green Kitchen Stories*. Alle benutzten Zutaten, die wunderbare Wirkungen auf die Gesundheit haben sollten, wie Quinoa, Chiasamen, Buchweizen oder Kurkuma. Begeistert rief ich meine Mutter an und erklärte ihr, dass ich beschlossen hatte, meine Ernährung von heute auf morgen umzustellen und auf Zucker, Milchprodukte, Fleisch, Gluten und jegliche Zusatzstoffe zu verzichten. Jeder normale Mensch hätte mich sicher für verrückt erklärt, nicht aber meine Eltern. Ich machte mich auf und kaufte zum ersten Mal Dinge wie Chiasamen, Tahini, Kokosöl und Grünkohl sowie einen Vorrat an Nüssen und Samen, Hülsenfrüchten und Ahornsirup ein. Was ich damit anfangen sollte, war mir erst einmal gar nicht klar, weil ich während meines Studiums wenig gekocht hatte. Doch verfügte ich durch meine Mutter und Großmütter über ein Grundverständnis vom Kochen und Backen. Mein erstes Gericht war eine Apfel-Linsensuppe (S. 197), das mir die Mutter meiner Mitbewohnerin Katie aus einer Zeitschrift ausgeschnitten hatte. Ich wandelte es etwas ab und kochte einen riesigen Topf, sodass ich die ganze erste Woche diese Suppe zu Abend aß. Zu meinem Glück besaß Katie einen Hochleistungsmixer sowie eine Faszination für Ernährung und Bewegung. Dadurch hatte ich in meiner WG direkt eine Verbündete, die mich bei meinen ersten Kochversuchen unterstützte.

Meine ersten Kekse aus Bohnen und Chiasamen schmeckten absolut scheußlich, aber ich aß sie, weil ich irgendetwas zwischen meinen Kursen an der Uni essen musste. Frühstück gelang mir definitiv besser und war mein Tageshighlight. Mein Speiseplan bestand also morgens aus

Haferflocken mit Mandelmilch, gefrorenen Früchten und selbst gemachtem Granola, mittags aus einem Smoothie aus Grünkohl, Avocado, Kokoswasser, Ingwer, Apfel, Karotte und Mandeln sowie glutenfreiem Toast mit Avocado und Hummus und abends aus der erwähnten Linsensuppe. Nach und nach kamen Currys, Eintöpfe, Pasta-Gerichte und andere Speisen dazu. So lernte ich in meinen letzten beiden Semestern an der Uni, dass es möglich war, sich komplett pflanzlich zu ernähren – und dass es mir gut tat; mir Kraft und Hoffnung gab, meinen Bluthochdruck zu besiegen.

Der Beginn von Heavenlynn Healthy

Nach meinem Bachelor-Abschluss zog ich zurück nach Deutschland, wo weitere Tests gemacht wurden. Doch wollte der zu hohe Blutdruck einfach nicht weggehen. Immerhin konnte ich meine Tablettendosis reduzieren und musste keine zusätzlichen Entwässerungstabletten mehr zu mir nehmen. Bis heute habe ich es allerdings noch nicht geschafft, meinen Blutdruck langfristig auf ein normales Level ohne Medikamente zu reduzieren. Wenn mein Blutdruck immer noch zu hoch war, wieso machte ich dann weiter mit der gesunden Ernährung? Ganz einfach, weil ich spürte, wie mir die gesunde Ernährung dabei half, meinen Körper zu stärken und für ihn zu sorgen. Beim Sport und in der Uni war ich auf einmal viel leistungsfähiger. Und was noch viel wichtiger war: Zum ersten Mal in meinem Leben hatte ich eine wahre Leidenschaft für etwas entwickelt. Ich konnte Stunden in der Küche verbringen und an neuen Rezepten tüfteln, Brote backen und mich freuen, wenn etwas Gutes dabei herauskam.

Mein Freund war es letztendlich, der mich überredete, mein Wissen mit anderen zu teilen. Wenn mir die gesunde Ernährung so geholfen habe, dann könne sie doch auch anderen helfen, meinte er. Auch meine Freunde fragten vermehrt nach meinen Rezepten. So begann ich im Februar 2015, meine Rezepte auf einem Blog zu veröffentlichen. Heavenlynn Healthy war geboren und entwickelte sich schnell zu einer Möglichkeit, mich mit Gleichgesinnten online auszutauschen. Durch den Blog und durch Social Media lernte ich andere Menschen kennen, die meine Leidenschaft teilten, wodurch ich mich in meiner Ernährungsweise bestärkt fühlte.

Gesunde Ernährung ohne erhobenen Zeigefinger

Heute ist Heavenlynn Healthy ein Ort, an dem es nicht um Restriktionen oder Diäten geht, sondern um Freude an gesundem Essen sowie um Neugierde und Leidenschaft für kreative, aufregende, aber trotzdem einfache Rezepte. Mir ist es wichtig, dass Heavenlynn Healthy ein Ort ist, an dem sich meine Leser wohlfühlen. Wo gesunde Ernährung nicht mit Labels, sondern mit Farben definiert wird. Ich zähle deshalb auch keine Kalorien.

An dieser Stelle zitiere ich gerne meinen Vater. Der sagt immer: »Lynn, ich mag ja deine Gerichte. Aber eben mit ein bisschen Würstchen on top.« Dass Würstchen einen nicht gesünder machen, braucht man nicht zu diskutieren. Dennoch freut es mich, wenn mir Menschen sagen, dass sie meine Gerichte als Grundlage benutzen, die sie an ihren Geschmack und ihre Ernährungsweise anpassen.

Auf Heavenlynn Healthy geht es nicht darum, 100 % perfekt zu sein. Ich bin es nicht und ich will es auch nie sein. Deshalb gibt es bei mir keine »Cheat Days«. Wenn ich heute etwas Ungesundes essen will, dann esse ich es, egal welcher Tag ist. Zwar ernähre ich mich so ausgewogen wie möglich, doch wenn ich mit Freunden unterwegs bin, dann zählt für mich der Joy-Faktor mehr als die Ernährung. Dann greife ich auch zu Frittiertem und Gezuckertem. Allerdings muss ich zugeben, dass ich seltener bis nie mehr das Verlangen danach habe und mich mehr über gesunde Gerichte freue als über Burger und Co. Das bringt eine langfristige Ernährungsumstellung einfach mit sich.

Ganzheitliche und integrative Ernährung

Um mein Wissen zu vertiefen und zu verfestigen und noch mehr Menschen helfen zu können, machte ich von 2016 bis 2017 eine Ausbildung zur ganzheitlichen Ernährungsberaterin; vorrangig, um meiner Blutdrucksstörung weiter auf die Schliche zu kommen. Doch merkte ich schnell, dass die Ausbildung für mich mehr war als der Versuch, meinen eigenen Körper besser kennenzulernen. Meine Faszination für gesundes Essen wuchs und wuchs. Ich war so begeistert von all den Prozessen in unserem Körper: von Darmgesundheit und unserem Hormonhaushalt. Von der Wichtigkeit unserer Psyche und der Auswirkung unserer Gedanken auf unsere Gesundheit. Vom richtigen Kauen und genug Schlaf. Besonders aber von der Kraft unseres Körpers, sich – mit etwas Unterstützung – selbst heilen zu können. Meine Reise hat gerade erst begonnen, und ich bin gespannt, wo sie mich hinführen wird. Mit diesem Buch will ich euch mitnehmen auf diese Reise.

Bye-bye, Labels!

Bewusst habe ich mich dafür entschieden, in diesem Buch keine Labels wie vegan, vegetarisch, low-fat, high-fat oder paleo zu benutzen. Ich gebe meiner Ernährung kein Label und möchte dies auch bei meinen Rezepten vermeiden. Alle meine Rezepte basieren auf pflanzlichen Lebensmitteln, sind frei von Milchprodukten, Haushaltszucker, Gluten und Fleisch.

Wer unter Zöliakie leidet, sollte unbedingt glutenfreie Haferflocken und Hafermilch benutzen und auch bei Buchweizen und Hefe auf die Kennzeichnung »glutenfrei« achten.

Meine Rezepte sind fast alle vegan, allerdings verwende ich wegen ihrer gesundheitlichen Eigenschaften gerne rohen Honig und geklärte Butter (Ghee). Wer sich komplett vegan ernährt, der kann den rohen Honig in meinen Rezepten durch Ahornsirup und Ghee durch Oliven- oder Kokosöl ersetzen.

Nachhaltig gesund leben

Ich bin zwar noch weit davon entfernt, ein nachhaltiges Leben zu führen, doch versuche ich vermehrt auf meinen ökologischen Fußabdruck zu achten. Für mich bedeutet gesunde und nachhaltige Ernährung, vorzugsweise regional und saisonal einzukaufen. Regionale Lebensmittel haben kürzere Transportwege und sind dadurch häufig frischer und nährstoffreicher. Deshalb habe ich versucht, so wenig exotische Lebensmittel wie möglich in diesem Buch zu verwenden. Mein Quinoa beziehe ich bereits aus der Region und Chiasamen weichen vermehrt den heimischen Leinsamen. Um Plastikmüll zu vermeiden, kaufe ich am liebsten lose Ware auf dem Markt oder im Supermarkt ein. Auch „Unverpackt"-Läden ermöglichen mir ein verpackungsfreies Einkaufen. Dies sind zwar erst kleine Schritte, doch beim Thema Nachhaltigkeit zählt jeder noch so kleine Schritt.

Bio oder nicht Bio?

Unsere Landwirtschaft und Lebensmittelindustrie hat sich in den letzten Jahrzehnten sehr verändert. Konventionelle Landwirtschaft setzt Pestizide und andere chemische Mittel ein, die unseren Körpern nicht guttun. Doch verstehe ich, dass sich nicht jeder Bio-Ware leisten kann oder will. Deshalb halte ich mich beim Einkaufen grob an folgende Liste:

Diese Lebensmittel können konventionell gekauft werden:

Ananas, Aubergine, Avocado, Blumenkohl, Bohnen, Grapefruit, Honigmelone, Kiwi, Kohl, Mais, Mango, Papaya, Spargel, Süßkartoffel, Zwiebel

Diese Lebensmittel sollten in Bio-Qualität gekauft werden:

Apfel, Beeren, Erdbeeren, Grünkohl, Gurke, Kirschen, Nektarine, Paprika, Pfirsich, Spinat, Stangensellerie, Tomate, Weintrauben

MEINE ERNÄHRUNGS-PHILOSOPHIE

»It's not a diet, it's a way of life.«

Gesunde Ernährung ist meine große Leidenschaft, die ich auf meinem Blog und in diesem Buch teile. Ich befolge jedoch keine Diät, sondern richte mich nach ein paar einfachen Philosophien, die mir ein gesünderes Leben ermöglichen. Ich bin weder Vegetarierin noch Veganerin. Dennoch ernähre ich mich fast jeden Tag nur von Pflanzen. Auf meinem Blog gibt es nur pflanzliche und zuckerfreie Gerichte, doch ergänze ich diese ab und zu durch Eier, Ziegen- oder Schafskäse. Wie man diese Art der Ernährung nennt? Ist doch egal, Hauptsache sie tut gut und schmeckt. Die folgenden Grundsätze bilden den Grundstein meiner Ernährungsphilosophie:

Gesunde Ernährung ist eine Lebensart, keine Diät. Diäten haben etwas sehr Restriktives und zeitlich Begrenztes. Meine Art und Weise, mit Ernährung umzugehen, ist eine Lebensart, die mich seit Jahren durch mein Leben begleitet.

Positive Eating – hab Spaß! Gesunde Ernährung sollte Spaß bringen und niemals ein Zwang sein. Iss nichts, was du nicht magst, nur weil es gerade angesagt ist oder ich es in diesem Buch erwähne. Gesunde Ernährung ist wichtig, aber sie sollte nicht dein Lebensmittelpunkt sein und dein Leben sowie deine sozialen Beziehungen bestimmen. Soziale Beziehungen sind für ein gesundes Leben genauso wichtig wie gesunde Ernährung oder ausreichend Bewegung.

Iss natürlich. Lebensmittel in ihrer unverarbeiteten Form enthalten die meisten Nährstoffe. Versuche größtenteils unverarbeitete Lebensmittel zu dir zu nehmen. Hoch verarbeitete Lebensmittel enthalten oft unaussprechliche Zusatzstoffe und massenhaft Zucker, die man prima umgehen kann, wenn man selber kocht. Wenn man dieser Philosophie folgt, dann streicht man ganz natürlich Haushaltszucker, Konservierungsstoffe und Geschmacksverstärker aus der Ernährung.

Mache Pflanzen zu deiner Grundnahrung. Betrachte nährstoffreiche Pflanzen als deinen Treibstoff. Gemüse, Obst, Hülsenfrüchte, Nüsse und Samen sollten den Großteil deiner Ernährung ausmachen. Fülle deinen Teller mit buntem Gemüse, mit pflanzlichen Proteinen, z. B. aus Kichererbsen, Bohnen oder Quinoa, und guten Fetten wie aus Avocado, Nüssen oder hochwertigen Ölen wie Oliven- oder Kokosöl – schon bekommt dein Körper alles, was er braucht.

Trink und iss dein Wasser. Dass wir täglich mindestens 2–3 Liter Wasser trinken sollten, brauche ich keinem zu erzählen. Für mich zählt allerdings auch das Wasser, das wir durch Gemüse und Obst zu uns nehmen. Gurken, Paprika, Fenchel, Melonen oder grünes Blattgemüse sind tolle Wasserquellen. Sie versorgen deinen Körper nicht nur

mit Wasser, sondern auch mit wertvollen Enzymen und anderen Nährstoffen.

Halte Maß. Egal ob gesund oder ungesund, iss nur so viel, wie dein Körper braucht. Etwas Mandelmus mit Äpfeln ist gesund, ein ganzes Glas Nussmus zu löffeln, tut der Leber allerdings auch nicht gut. Zwei Scheiben Vollkornbrot mit Avocado bringen wieder Energie, der ganze Laib läge schwer im Magen und würde genau das Gegenteil bewirken. Vergiss nicht, lange und gut zu kauen, denn langes, ausgiebiges Kauen ist die erste Form der Verdauung. Es verhindert verdauungsbedingte Bauchschmerzen und führt dazu, dass die Nährstoffe schneller ins Blut gelangen und zu Energie umgewandelt werden. Langsam

zu essen gibt dem Körper ebenfalls Zeit, uns zu signalisieren, dass wir satt sind.

Balance is the key. Du musst nicht immer 100 % gesund essen. Dein Körper wird dir bereits für eine gesunde Mahlzeit am Tag dankbar sein. Hab kein schlechtes Gewissen, wenn du nicht ständig gesund isst. Verbiete dir nichts, was du liebst. Das Verlangen danach wird dadurch nur größer. Wenn dir nach Kuchen ist, dann iss ihn. Ohne Reue und ohne schlechtes Gewissen.

Eat the Rainbow. Iss farbenfrohe Lebensmittel, denn die haben alles, was dein Körper braucht. Für mich zählen die Nährstoffe, nicht die Kalorien.

TIPPS FÜR EIN NATÜR-LICH SÜSSES LEBEN

Zucker ist in unserer heutigen Ernährung überall zu finden, besonders dort, wo wir ihn überhaupt nicht vermuten würden: in so gut wie allen verarbeiteten Lebensmitteln, in Broten, in gekauften Suppen, in abgepacktem Müsli und Cerealien, in Saucen, Senf und Ketchup. Seit ich 2012 meinen Konsum von raffiniertem Zucker drastisch reduziert habe, habe ich viel weniger das Verlangen nach süßen Desserts oder Nascherein. Es ist wissenschaftlich belegt, dass übermäßiger Zuckerkonsum negative Auswirkungen auf den Blutzuckerspiegel hat, die Insulinresistenz fördert und uns abhängig machen kann. Doch auf Haushaltszucker zu verzichten, ist viel schwerer als tierische Produkte oder Weißmehl aus der Ernährung zu streichen. Die folgendenden Tipps haben mir dennoch dabei geholfen, von heute auf morgen auf raffinierten Zucker zu verzichten.

Du bist süß genug – so wird das zuckerfreie Leben einfacher:

Koche und backe dein Essen selber. So kannst du den Zuckergehalt selber bestimmen und weißt, was in deinem Essen drin steckt – und was nicht!

Mache Frühjahrsputz in deinem Vorratsschrank. Miste alles radikal aus, was zugesetzten Zucker enthält. Kaufe keine neuen Lebensmittel mit industriellem Zucker ein.

Lerne die Zutatenlabels zu lesen. Zucker versteckt sich hinter vielen Namen wie Dextrose, Maltodextrin, Rohzucker, Glucose- oder Fructose-Sirup, um nur einige zu nennen.

Iss Zimt zum Frühstück. Zimt stabilisiert den Blutzuckerspiegel, sodass der Verzicht auf Zucker einfacher wird.

Trinke selbst gemachten Chai-Tee (S. 90) oder meine Goldene Milch (S. 92). Beide beugen Heißhungerattacken ideal vor. Auch Pfefferminztee und Tee aus Süßholzwurzel schmecken leicht süßlich und stillen den Zucker-Jieper.

Iss mal wieder bitter. Die Geschmacksrichtung bitter wurde fast komplett aus unserem Speiseplan verbannt. Bitterstoffe aus Gemüse oder Blattgrün sind nicht nur gesund, sondern helfen auch gegen Zuckersucht. Probiere doch mal meinen Bitteren Wintersalat auf S. 98 aus!

Trinke ausreichend Wasser. 2–3 Liter stilles Wasser pro Tag helfen ebenfalls, Hungerattacken zu bekämpfen. Auch Infused Water mit Minze, Beeren, Zitronen- oder Limettenscheiben macht gute Laune und das Wassertrinken schmackhafter.

Snacke gesund. Eine Handvoll Nüsse, geschnittenes Gemüse mit Hummus, Obst in Maßen oder meine Energy Balls (S. 157) helfen dabei, den Blutzuckerspiegel zu stabilisieren.

Sei nicht zu hart zu dir selbst. Zucker macht süchtig und deshalb ist es wahrlich nicht so einfach, von heute auf morgen darauf zu verzichten.

TIPPS FÜR EIN AUSGEGLICHENES, GESUNDES LEBEN

Achtsame Bewegung

Bewegung ist wichtig, um den ganzen Körper mit Nährstoffen zu versorgen. Sie spült die Nährstoffe auch in die hintersten, schlecht oder gar nicht durchbluteten Ecken des Körpers. Doch sollte Bewegung auch Spaß bringen. Die Minuten auf dem Laufband zu zählen, macht die wenigsten Menschen glücklich. Egal ob Laufen, Pilates, Yoga, Bouldern oder einfach nur Spazierengehen – das Wichtigste ist, dass du eine Art der Bewegung findest, die dir langfristig Freude bereitet.

Mir hilft es besonders, wenn ich feste Zeiten für meinen Sport habe, zum Beispiel laufe ich schon morgens vor dem Frühstück, egal bei welchem Wetter. Auch hilft es mir, feste Yogastunden in meinen Terminkalender einzutragen. Ausfallenlassen gibt es nicht. Dennoch bin ich der festen Meinung, dass es nicht reicht, nur 20 Minuten HIIT zu machen und sonst den ganzen Tag am Schreibtisch zu sitzen. Deswegen sollten wir den Alltag viel eher als Training ansehen: Steige einige Stationen vor deiner Arbeitsstelle aus und laufe den Rest zur Arbeit. Oder mache doch mal eine Aufzug- oder Rolltreppendetox. Die Wohnung zu putzen heizt mir auch ordentlich ein. Es sind diese kleinen Dinge, die sich läppern und die dafür sorgen, dass wir uns am Ende des Tages besser fühlen.

Planung

Planung ist ziemlich unsexy, ich weiß. Doch ist sie unumgänglich, wenn du deine Ernährung und dein Leben langfristig gesünder gestalten willst. Finde am Wochenende oder am Anfang der Woche ein paar Minuten, um deinen Wochenplan zu erstellen. Überlege dir, was du kochen willst und notiere gleich die doppelte Menge an Zutaten, damit du nur einmal kochen und mehrmals genießen kannst. Geh frische Lebensmittel einkaufen, um genug nährstoffreiche Zutaten im Kühlschrank zu haben, falls der Hunger zwischendurch kommt. Koche Linsen oder Pseudo-Getreide vor, damit du dir unter der Woche keine Sorgen um das Abendessen machen musst. Bereite einige gesündere Snacks vor, z.B. meine Energy Balls (S. 157) oder Hummus-Variationen (S. 144), damit du gesunde Kleinigkeiten vorrätig hast.

Entschleunigung

Entschleunigung ist der Schlüssel zu einem besseren und gesünderen Leben. Unsere Welt wird immer schnelllebiger, wir sind ständig und überall erreichbar. Trends vergehen schneller, als sie gekommen sind. Manchmal habe ich das Gefühl, wir stecken in einem sich immer weiter drehenden Kompass ohne Ziel in Sicht. Um aus dem konstanten Gedrehe auszubrechen, müssen wir lernen zu entschleunigen, zwischendurch inne zu halten. Dazu gehört auch, unser Essen zu genießen. Dabei hilft es, sich sein Essen einmal ganz genau anzuschauen. Nimm mal eine Erdbeere in die Hand und schaue sie dir ganz genau an. Und zack, hast du zwei Minuten meditiert.

Mediation ist eine wunderbare Art der Entschleunigung. Es ist wissenschaftlich belegt, dass meditieren dabei hilft, den Kopf frei zu bekommen, Stress zu reduzieren, die Kreativität anzukurbeln, das Gedächtnis zu stärken, den Blutdruck zu senken und das Immunsystem zu stärken. Es gibt viele Arten der Meditation, man kann es mit Hilfe einer App machen, gemeinsam im Yoga-Studio oder ganz alleine an einem stillen Ort. Gerade Meditations-Apps wie *Headspace* oder *Calm* sind für Einsteiger bestens geeignet.

Höre auf deinen Körper

Wenn wir ausgelaugt und ausgebrannt sind, neigen wir dazu, uns mit Junk Food vollzustopfen oder gar nichts mehr zu essen. Doch wenn unser Körper erschöpft ist, dann versucht er, uns damit etwas zu sagen. Gerade in dieser Situation ist es besonders wichtig, auf ihn zu hören. Ebenso sagt er uns, wenn wir satt, hungrig oder krank sind. Höre auf, gegen deinen Körper zu arbeiten, sondern fange an, mit ihm zu arbeiten. Wenn du Unreinheiten im Gesicht oder Verdauungsprobleme hast, dann hasse deinen Körper nicht dafür, sondern pflege ihn an solchen Tagen oder Wochen besonders und gehe der Ursache auf den Grund. Lerne auf deinen Körper zu hören und seine Signale richtig zu deuten.

Mit Stress richtig umgehen

Leben ohne Stress ist in der heutigen Zeit nicht möglich. Wir können Stress nicht umgehen, also müssen wir lernen, damit umzugehen. Wenn alles zu viel wird, also bei akutem Stress, gehe ich an die frische Luft und fokussiere mich ganz bewusst auf meinen Atem. Die folgende kleine Notfall-Übung hilft mir, einen kühlen Kopf zu bewahren.

Notfall-Übung bei akutem Stress: Zähle bis vier beim Einatmen und wieder bis vier beim Ausatmen. So wird die Atmung verlangsamt, man wird ruhiger und bekommt neue Energie. Du kannst diese Übung überall und in jeder Situation machen.

Die 4 »S« gegen Stress: Selbstliebe, Sport, Schlaf und Samstag

Jeder geht mit Stress anders um, doch ich habe für mich eine Formel gefunden, die mir hilft, gerade in stressigen Phasen nicht von meiner Philosophie abzuweichen. Vier Dinge helfen mir dabei, mein Leben nicht vom Stress bestimmen zu lassen. Es sind Selbstliebe, Sport, Schlaf und Samstage.

Selbstliebe

Selbstliebe ist ein großes Thema für mich. Ich könnte ein ganzes Kapitel damit füllen. Mir ist wichtig, dass du weißt, dass du nicht perfekt sein musst. So kitschig und spirituell das jetzt klingen mag, du darfst und du solltest anfangen, dich so zu akzeptieren, wie du bist. Dich so zu lieben, wie du bist.

- *Akzeptiere dich so, wie du bist.* Das Wichtigste in unserem Leben ist, dass wir mit uns selbst im Reinen sind und unseren Körper so akzeptieren, wie er ist. Wie sonst sollen wir eine positive Beziehung zu anderen aufbauen können?
- *Lenke den Fokus auf das Positive in deinem Leben.* Wir beschäftigen uns viel zu sehr mit den Dingen, die wir nicht haben, statt mit den Dingen, die wir haben. Langfristig machen uns nur Beziehungen, Erlebnisse, Konversationen und lächelnde Gesichter glücklich und nicht materielle Dinge.
- *Lerne, die negativen Glaubenssätze in Positive umzuwandeln.* Täglich beschäftigen wir uns mit unseren eigenen negativen Glaubenssätzen. *Ich bin zu dick. Ich bin nicht liebenswürdig. Ich schaffe das nie.* Das sind Sätze, die tief im Unterbewusstsein verankert sind. Es sind Sätze, die wir niemals einem guten Freund sagen würden. Also warum sagen wir sie dann zu uns selbst? Lass die alten Glaubenssätze los und beschäftige dich mit den positiven Glaubenssätzen. Stell dich dafür eine Woche lang morgens vor den Spiegel (ja, echt jetzt) und sage dir

all die Dinge, die du dir als guter Freund sagen würdest. Nach einigen Tagen wirst du beginnen, diese Dinge zu glauben oder zumindest anfangen sie anzunehmen. Versuch es doch einfach mal!

Schlaf

Bisher ging es in diesem Buch viel um das Thema gesunde Ernährung, doch hilft all das Gemüse nicht, wenn der Schlafrhythmus gestört ist. Schlaf ist für die Gesundheit essentiell. Er hilft uns zu entspannen, zu regenerieren und dabei mit Stress besser umgehen zu können.

Hier ein paar Tipps für eine erholsame Nachtruhe:

- Schalte dein Handy aus. Lass es im Wohnzimmer. Wenn du zum Einschlafen Podcasts hören willst, solltest du den Flugzeugmodus anschalten.
- Kein Kaffee nach 15 Uhr. Danach gibt's nur noch Wasser oder Kräutertee.
- Trinke vor dem Einschlafen eine Goldene Milch (S. 92). Diese wirkt beruhigend und hilft dabei, schneller einzuschlafen.
- Kopfchaos? Wenn dich Sorgen und Ängste wach halten, dann schreibe sie auf. Dies hilft dabei, den Kopf frei zu kriegen und die Schlafhormonproduktion anzuregen.
- Trinke Einschlaftees wie Kamille oder Lindenblüten, aber meide Ingwer, da dieser eher aufputscht.
- Iss eine Handvoll Cashewkerne am Abend. Denn diese enthalten L-Tryptophan, eine Aminosäure, die für die Produktion von Serotonin nötig ist. Serotonin fördert Entspannung und Gelassenheit und folglich auch Schlaf.
- Iss eine Handvoll Kürbiskerne vor dem Schlafengehen. Diese sind reich an Magnesium, das uns entspannen und besser einschlafen lässt.
- Höre ein Hörspiel. Ich weiß, ich habe gerade gesagt, dass du das Handy ausschalten sollst. Aber mir hilft es tatsächlich abends Hörspiele zu hören. Auch häufig die alten Kindheitshelden wie Bibi und Tina, TKKG oder die Die drei ???. Peinlich? Ja, vielleicht, aber mir hilft's beim Einschlafen.

Sport

Dass Bewegung wichtig ist, habe ich bereits erwähnt. Dass sie jedoch unerlässlich bei Stress ist, muss ich noch einmal hervorheben. Sport und regelmäßige Bewegung schütten Glückshormone aus. So viele, dass man davon sogar süchtig werden kann. Allerdings neigen wir in aufregenden Zeiten dazu, den Sport aus Zeitmangel oder Bequemlichkeit ausfallen zu lassen. Doch genau das ist der Trugschluss. Gerade wenn gar nichts mehr geht, tanken wir durch Bewegung wieder neue Energie auf. Wenn du merkst, dass der Stress überhandnimmt, melde dich sofort verbindlich für einen Sportkurs an oder verabrede dich mit Freunden zum gemeinsamen Joggen. Diese festen Termine helfen dabei, das Sportprogramm wirklich durchzuziehen und somit dem Stress entgegenzuwirken.

Samstag

Nicht gerade der Tipp, den man erwartet hätte, oder? Doch für mich bedeutet Samstag »Zeit für mich«. Zeit, um laufen zu gehen. Zeit, um mit meinem Freund in Ruhe frühstücken zu können. Zeit, um auf den Wochenmarkt zu gehen. Zeit für Zeit mit meinen Liebsten. Ich liebe es, samstags aufzuwachen und zu wissen, dass noch das ganze Wochenende vor mir liegt. Als Selbstständige versuche ich samstags so gut wie nicht zu arbeiten, sondern mir komplett frei zu nehmen. Samstag ist einfach perfekt für die volle Dröhnung Selbstliebe. Nutze diesen Tag, um dir selbst etwas Gutes zu tun, ein Buch zu lesen, einen leckeren Wochenende-Rote-Bete-Saft zuzubereiten (S. 82) oder einen langen Spaziergang in der Natur zu machen. Dadurch kannst du Kraft tanken für die kommende Woche. Natürlich steht der Samstag hier im übertragenen Sinne für Zeit für sich selbst – dies kann natürlich auch am Sonntag oder an einem anderen Tag geschehen. Wer Kinder hat, der kann sich schlecht einen ganzen Tag freinehmen, doch hilft manchmal schon eine Stunde »Zeit für mich«, um wieder aufzuatmen.

Das klingt ja alles schön und gut, aber wie fange ich denn jetzt an?

Es gibt bewusst kein ausgetüfteltes 6-Wochen-Programm oder eine 30-Tage-Challenge in diesem Buch. Ich selbst habe mich nie unter Druck gesetzt, sondern einfach aus Spaß und Neugierde begonnen, komplett pflanzlich und zuckerfrei zu essen. Wenn du konkrete Tipps brauchst, dann kann ich dir nur empfehlen, beim Frühstück zu beginnen und pro Woche ein oder zwei meiner Frühstücksrezepte auszuprobieren. Am besten die Overnight Oats von S. 54 oder das Nordische Birchermüsli von S. 57, die man am Abend vorher vorbereiten kann. Dazu empfehle ich, ein gesundes Rezept aus meinem Comfort-Food-Kapitel während der Woche zu kochen. Wenn du das ein paar Wochen machst, wirst du merken, dass du dich allmählich besser fühlst. Nach und nach wirst du jeden Morgen das Verlangen nach leckeren Overnight Oats oder Porridges (S. 61) haben. Versuche, die Anzahl an gesunden Gerichten mit jeder Woche zu erhöhen, aber stress dich dabei nicht. Benutze meine Rezepte als Grundlage und ergänze sie nach deinem Geschmack mit Eiern, Fisch, Käse oder was du eben so magst.

Besonders, wenn du anfängst den Haushaltszucker wegzulassen, wirst du merken, wie sich deine Geschmacksnerven verändern, das Verlangen nach industriellen Süßigkeiten abnimmt und du dich mehr über einen Beeren-Smoothie als über einen Schokoriegel freust.

Der Gedanke, dass ich meinem Körper etwas Gutes tue, hat mir während der Umstellung sehr geholfen. Je mehr gesunde Gerichte du pro Woche zu dir nimmst, desto größer wird der positive Effekt auf dein Wohlbefinden sein. Denke immer dran: Es ist kein Sprint, es ist ein Marathon.

EIN BLICK IN MEINE KÜCHE

Lasst euch nicht abschrecken von der folgenden langen Liste. Dieser Grundstock entwickelt sich, wenn man häufig und gerne gesund kocht. Ihr müsst natürlich nicht alle aufgelisteten Dinge sofort kaufen. Dieses Kapitel verschafft allerdings einen guten Überblick über die Grundnahrungsmittel einer gesunden Küche.

Hochwertige Öle und Fette

Gesundheit bedeutet nicht, auf Fett zu verzichten. Im Gegenteil, ohne Fette kann unser Körper nicht funktionieren. Natürlich muss man Fette immer noch sparsam einsetzen, doch viel wichtiger als die Menge ist die Qualität und die Zubereitung. Diese Fettquellen habe ich immer zu Hause:

Natives Olivenöl
Kaufe ich am liebsten in Bio-Qualität. Verwendung findet es in Salaten, bei der Zubereitung von Gemüse oder in Broten. Olivenöl ist besonders für seine positive Wirkung auf unser Herz-Kreislauf-System bekannt.

Natives Rapsöl
Weniger beliebt in der gesunden Küche, allerdings benutze ich es gerne beim Backen, wenn ich den Geschmack von Kokosöl nicht haben möchte.

Natives Kokosöl/Kokosfett
Kokosöl hat einen hohen Siedepunkt, weshalb es sehr gut zum Anbraten verwendet werden kann. Zum Backen verwende ich gerne Kokosöl mit mildem Kokosgeschmack.

Natives Sesamöl
Verwende ich gerne in asiatischen Gerichten, da bereits kleine Mengen sehr geschmacksintensiv sind.

Natives Kürbiskernöl
Österreich ist meine zweite Heimat und daher liebe ich das Steirische Kürbiskernöl. Durch seinen intensiv-cremigen Geschmack reichen ein paar Löffel Kürbiskernöl bereits aus, um einen Salat in Sekunden zu einem Gourmet-Essen zu machen. Ich benutze es ausschließlich für Dressings.

Ghee
Für Veganer ungeeignet, doch aus der ayurvedischen Küche nicht wegzudenken. Ghee ist geklärte Butter. Sehr gut zum Braten geeignet und zum Anschwitzen von Früchten für warmen Haferbrei. Ghee sollte man ausschließlich in Bio-Qualität aus Milch von Weidekühen kaufen oder selbst machen. Laut ayurvedischer Heilkunde harmonisiert es den Hormonhaushalt, ist leicht verdaulich und wirkt entzündungshemmend.

Avocadoöl
Aufgrund des hohen Siedepunktes ist Avocadoöl auch gut zum Anbraten geeignet.

Essig

Essig wird aus fermentierten Lebensmitteln hergestellt und hat viele gesundheitliche Vorteile, sowohl bei innerer als auch bei äußerlicher Anwendung. Er unterstützt die Leber bei der Entgiftung, fördert die Blutzirkulation und regt die Verdauung an. Qualitativ hochwertige Essige enthalten sogar Spurenelemente und Aminosäuren.

Apfelessig

Meine Lieblingswahl für Dressings, zur Reduktion von Phytinsäure in Getreide und Hülsenfrüchten sowie als Triebmittel in Broten. Apfelessig ist außerdem sehr gesund – er wirkt antibakteriell, entzündungshemmend, fördert die Fettverbrennung, sorgt für reine Haut und gleicht den Säure-Basen-Haushalt des Körpers aus.

Balsamico (rot und weiß)

Ein dunkler, schwerer Essig, der wunderbar zu Tomatengerichten passt. Balsamico wird leider häufig Zucker und Farbstoff zugesetzt, also unbedingt auf gute Qualität achten. Weißen Balsamico mag ich besonders in Sommersalaten gerne.

Weißweinessig

Weißweinessig ist etwas milder als Apfelessig. Ich setze ihn am liebsten in leichten Dressings oder Saucen ein.

Nüsse, Kerne und Samen

Nüsse, Kerne und Samen enthalten essentielle Mineralstoffe und Spurenelemente. Außerdem sind sie eine der besten pflanzlichen Proteinquellen, die es gibt. Eine Handvoll Nüsse am Tag sind der ideale Snack für den kleinen Hunger zwischendurch.

Mandeln

Mandeln benutze ich von allen Nüssen am häufigsten in meinen Rezepten. Sie enthalten Vitamin E, viele B-Vitamine, Calcium, Eisen und sind nebenbei auch noch basisch – ein wahres Beauty-Food. Ich esse sie am liebsten roh als Snack, in Mandelmus (S. 45) oder als Mehl in gesünderem Gebäck.

Cashewkerne

Cashewkerne sind reich an Zink, Magnesium und Selen. Sie sind perfekt zur Herstellung von pflanzlicher Milch, da man kein Seihtuch benötigt. Cashewkerne sind toll, um Saucen cremiger zu machen wie in meinen Penne mit getrockneten Tomaten (S. 117), und sie eignen sich sehr gut für Dips wie in meiner Dattel-Zwiebel-Creme (S. 147).

Walnüsse

Gehirnnüsse, wie Walnüsse wegen ihres Aussehens bei uns gerne genannt werden, sind reich an Omega-3-Fettsäuren und fördern deshalb tatsächlich unsere Gehirnfunktion. Am besten schmecken sie roh oder geröstet im Salat.

Haselnüsse

Geröstet, roh oder als Mehl in der Weihnachtsbäckerei – Haselnüsse sind vielfältig einsetzbar. Willst du ein langweiliges Gericht aufpeppen, dann streue ein paar geröstete Haselnüsse drüber. Wie alle Nüsse schützen auch Haselnüsse unsere Zellen vor Zellschäden durch freie Radikale (also oxidativen Stress) und fördern unsere Nerven- und Gedächtnisfunktion.

Pistazien

Für mich die hübschesten Nüsse. Pistazien sind reich an Kalium, Eisen und Magnesium und passen perfekt in die orientalische und nordafrikanische Küche wie in meinen von Marrakesch inspirierten Spinat-Salat (S. 102).

Kürbiskerne

Kürbiskerne sind der ideale Begleiter als Snack, in selbst gebackenen Broten (S. 138) oder in Salaten. Sie enthalten Zink und Eisen sowie Omega-3-Fettsäuren und gehören somit in jedes Frühstück. Wer nämlich morgens bereits Omega-3-Fettsäuren zu sich nimmt, kann sich im Laufe des Tages besser konzentrieren.

Sonnenblumenkerne

Eine wunderbare pflanzliche Proteinquelle sowie ein guter Calcium- und Eisenlieferant. Über Nacht eingeweicht in Overnight Oats (S. 54) oder dem Nordischen Birchermüsli (S. 57) werden die Nährstoffe in Sonnenblumenkernen noch besser aktiviert.

Sesam und Sesammus (Tahini)

Schon alleine aus optischen Gründen verfeinere ich viele Gerichte mit Sesam. Dass er den Blutdruck senken kann und einen hohen Calcium-Anteil hat, ist ein schöner Nebeneffekt. Sesammus, Tahini oder Tahin genannt, ist ein wichtiger Bestandteil von Hummus (S. 144). Es gibt geschältes und ungeschältes Tahini zu kaufen, wobei Letzteres zwar herber im Geschmack, jedoch nährstoffreicher ist. Tahini schmeckt auch wunderbar in Saucen.

Leinsamen

Bereits mein Opa aß zu seinem Frühstücksbrei immer einen Esslöffel geschrotete Leinsamen. Das habe ich mir ganz klar von ihm abgeschaut. Leinsamen sind die beste bekannte Quelle für Omega-3-Fettsäuren. Dadurch fördern sie die Gesundheit unseres Herzens, wirken entzündungshemmend und unterstützen die Leistungsfähigkeit unseres Gehirns. Um die maximale Nährstoffaufnahme zu gewährleisten, sollten Leinsamen am besten frisch geschrotet oder gemahlen werden.

Chiasamen

Seit einigen Jahren sind Chiasamen etwas verpönt, weil sie aus Übersee stammen. Leinsamen sind sicherlich die regionale Alternative zu importierten Chiasamen, doch schätze ich Chiasamen besonders für ihre gelartige Konsistenz beim gesunden Backen. Gesundheitlich sind sie genauso wertvoll wie Leinsamen und besonders für ihren hohen Gehalt an Omega-3-Fettsäuren bekannt.

Hanfsamen

Hanfsamen habe ich immer vorrätig. Keine Sorge, sie haben keine berauschende Wirkung, sondern bestechen durch ihren hohen Proteingehalt. Wie auch Lein- und Chiasamen sind Hanfsamen sehr gute Lieferanten für Omega-3 Fettsäuren.

Vollkorngetreide und (Pseudo-) Getreide

Die folgenden Getreide- und Pseudo-Getreidesorten verwende ich in meinen Rezepten am liebsten. Pseudo-Getreide werden Körner genannt, die wie Getreide verwendet werden, botanisch aber zu anderen Pflanzenfamilien gehören. Dazu gehören Amarant, Quinoa, oder Buchweizen.

Amarant

Amarant wurde in den letzten Jahren ein wenig von Quinoa in den Schatten gestellt. Dabei ist er genauso reich an Makro- und Mikronährstoffen wie Quinoa. Amarant stammt wie Quinoa aus den Anden und enthält überdurchschnittlich viele Proteine, weshalb er eine der besten pflanzlichen Proteinquellen ist. Ich gebe gepufften Amarant gerne in meine Overnight Oats (S. 54).

Buchweizen

Ein heimisches Getreide, das gar kein Getreide und somit natürlich glutenfrei ist. Buchweizen stammt aus der Familie der Knöterichgewächse und ist mit Rhabarber verwandt. Buchweizen entspannt die Blutgefäße und hat dadurch blutdrucksenkende Eigenschaften. Ich benutze ihn bevorzugt als Mehl, z.B. in meinem Versunkenen Kardamom-Beerenkuchen (S. 211) oder als Proteinquelle in Currys (S. 166).

Hirse

Bisher blieb der Hype um Hirse zwar noch aus, doch das wird sich sicher in nächster Zeit ändern. Hirse ist sehr günstig, enthält viele essentielle Aminosäuren und ist gut verdaulich. Hirse sollte man gründlich waschen, bevor man sie kocht, damit die Bitterstoffe entfernt werden. Ich liebe Hirse als Porridge (S. 75) mit warmen Früchten oder geflockt als Crumble-Topping (S. 219).

Quinoa

Quinoa hat in den letzten Jahren den Sprung vom unbekannten Pseudo-Getreide zum wohl bekanntesten Superfood der Welt geschafft. Nicht unberechtigt, denn das Tolle an Quinoa ist, dass es alle essentiellen Aminosäuren enthält und somit eine ideale pflanzliche Proteinquelle darstellt. Ich mag Quinoa besonders, weil es schnell gekocht ist, 15 Minuten maximal, und sehr vielseitig einsetzbar ist.

Haferflocken

Mit Abstand mein Lieblingsgetreide ist Hafer. Kaum ein Tag vergeht, an dem ich keinen Hafer zu mir nehme. Entweder als Porridge, als Overnight Oats oder gemahlen in Pancakes und Kuchen. Ich mag grobe Haferflocken lieber als zarte, weil man diese gründlicher kauen muss, doch mein Mehl mahle ich hauptsächlich aus zarten Haferflocken. Die Ballaststoffe im Hafer helfen dabei, den Cholesterinspiegel zu senken, sowie beim Abnehmen und beim Halten eines normalen Gewichtes. Hafer ist von Natur aus

glutenfrei, jedoch wird er häufig in Fabriken produziert, in denen auch glutenhaltiges Getreide verarbeitet wird. Wer unter Zöliakie leidet, sollte deswegen darauf achten, nur als glutenfrei gekennzeichnete Haferflocken zu verwenden.

Naturreis

Reich an Antioxidantien, Magnesium, Eisen, Aminosauren und B-Vitaminen ist Naturreis. Er ist günstig, schnell gekocht und vielfältig einsetzbar, weshalb ich ihn besonders Studenten gerne empfehle, die kein Geld für teures Pseudo-Getreide ausgeben können. Die meisten Nährstoffe im Reis stecken in der Schale, weshalb weißer Reis so gut wie keine Nährstoffe mehr enthält. Wer einmal in Asien unterwegs war, der weiß, dass Reis dort auf Planen am Straßenrand trocknet und häufig sogar Roller oder Autos darüber fahren. Viele Asiaten können nicht verstehen, dass wir sonst so auf Ordnung und Sauberkeit bedachten Deutschen unseren Reis nie waschen würden. Also, ab heute den Reis immer gründlich unter kaltem Wasser abspülen.

Hülsenfrüchte

Hülsenfrüchte sind aus meiner Küche nicht wegzudenken. Sie sind wunderbare Protein- und Ballaststoffquellen und sättigen uns, ohne zu beschweren. Außerdem sind sie günstig und aus dem Glas oder der Dose prima in der schnellen Küche einsetzbar.

Belugalinsen

Belugalinsen bleiben beim Kochen relativ bissfest, weshalb ich sie gerne als Beilage oder in Salaten verwende. Wie alle Linsen enthalten Belugalinsen reichlich pflanzliche Proteine.

Kichererbsen

Eine der am häufigsten genutzten Zutaten in diesem Buch sind Kichererbsen. Diese sind in meiner Küche immer auf Vorrat vorhanden. Sie sind eine wunderbare pflanzliche Eiweißquelle, enthalten mehr Eisen als andere Hülsenfrüchte und unterstützen unsere Darmflora.

Kidney-Bohnen

Die tiefroten Bohnen wurden nach ihrer Form benannt, die an kleine Nieren (englisch: kidney) erinnert. Wie alle Bohnen enthalten auch Kidney-Bohnen viel Eiweiß, weshalb sie die pflanzliche Ernährung prima unterstützen. Hinzu kommt eine Vielzahl an Nährstoffen wie Folsäure (Folat), Eisen, Magnesium und Kalium. Am liebsten mag ich sie in meinem Süßkartoffel-Quinoa-Chili (S. 186).

Rote, grüne und gelbe Linsen

Linsen machen sich perfekt in Suppen oder Eintöpfen. Auch sie zählen zu den besten Proteinquellen der pflanzlichen Ernährung. Rote Linsen müssen nicht eingeweicht werden, bevor sie gekocht werden, und sind somit besonders für die schnelle Küche geeignet, wie in meinem Bali-Buddha-Gemüseeintopf (S. 160).

Schwarze Bohnen

Nach traditioneller chinesischer Medizin unterstützt die Farbe schwarz die Nierenfunktion. Zwar gilt das für alle Bohnen, doch sagt man schwarzen Bohnen eine besondere Stärke nach. Auch enthält die schwarze Hülle der Bohnen eine Menge sekundärer Pflanzenstoffe, genauer gesagt Anthocyane, die auch Blaubeeren ihre dunkle Farbe verleihen. Anthocyane gehören zu den kraftvollsten Antioxidantien und sollen laut Studien Krebs und Herz-Kreislauf-Erkrankungen vorbeugen.

Weiße Riesenbohnen (Cannellini) und kleine weiße Bohnen

Riesenbohnen und weiße Bohnen sind ebenfalls eine tolle Proteinquelle. Ich kaufe sie bevorzugt bereits gekocht im Glas und verwende sie in Suppen oder Eintöpfen.

Natürliche Süße

Beim Thema natürliche Süße gehen die Meinungen sehr stark auseinander. Meiner Meinung nach ist jedes Mittel, das Lebensmitteln Süße verleiht, Zucker. Egal ob aus der Kokospalme, aus Datteln oder aus der Birkenrinde. Ich denke aber, dass Früchte wie Datteln, Bananen oder Äpfel am unbedenklichsten für Menschen ohne Fruktoseintoleranz sind. Der in ihnen enthaltene Zucker kommt in seiner natürlichsten Form in Verbindung mit Ballaststoffen, Mineralstoffen und Spurenelementen vor, die bei der Verdauung des Fruchtzuckers helfen. Generell gilt für mich bei Zucker die Devise: Auf die Menge kommt es an. Ab und zu einen Kuchen mit Kokosblütenzucker, Datteln oder Honig zu genießen ist absolut unbedenklich. Man sollte sich aber eben nicht nur davon ernähren. Gesunder Menschenverstand ist hier die beste Orientierung.

Apfelmus

Apfelmus ist ein natürliches Süßungsmittel in Kuchen oder Pancakes, aber auch im Granola oder im Porridge schmeckt es himmlisch. Am besten sollte man sein Apfelmus in 20 Minuten selber machen, damit man genau weiß, was drin ist (S. 45).
Bei gekauftem Apfelmus darauf achten, dass es »Apfelmark« heißt. Das ist die ungesüßte, natürlichste Form. Industrielles Apfelmus ist häufig gesüßt.

Ahornsirup

Hat einen leicht karamelligen Geschmack und wird traditionell in Nordamerika mit Pancakes gegessen. Ich verwende es gerne in Kuchen oder Saucen. Ahornsirup wird aus Ahornbäumen gewonnen, indem man sie einfach »anzapft«. Der rohe Sirup enthält Zink, Mangan und kleine Mengen an Aminosäuren. Beim Kauf sollte man nur echten rohen Ahornsirup kaufen, da konventionelle Produkte oft mit Haushaltszucker gestreckt werden.

Bananen

Das beste natürliche Süßungsmittel, Bindemittel und Volumengeber in der gesunden Bäckerei. Leider schmeckt man Banane im Kuchen stark heraus, sodass ich sie am liebsten in Pancakes oder gefroren in Smoothies verwende. Eine Banane im Kuchen ersetzt übrigens ein Ei.

Datteln

Wer einmal in Marokko war, der wird sich in die saftigen, dicken Medjool-Datteln verliebt haben. Ich benutze auch gerne die günstigeren weichen Datteln, die ich in einem persischen Geschäft kaufe. Datteln enthalten neben Kalium, Magnesium, Mangan und Kupfer auch Ballaststoffe. Zwar enthalten sie viel Fruchtzucker, doch sind sie für Menschen, die weniger verarbeitete Desserts essen wollen, eine tolle Alternative zur Umgewöhnung. Ich liebe sie für ihren karamelligen Geschmack, besonders in Desserts und Energy Balls (S. 157).

Brauner Reissirup

Er ist die beste Alternative für Menschen mit Fruktosemalabsorption, da er keine Fructose enthält. Allerdings ist brauner Reissirup schwerer zu finden als Ahornsirup oder Kokosblütenzucker, weshalb ich ihn nicht in meinen Rezepten verwendet habe. Wer unter einer Fruktoseintoleranz leidet, der kann alle Rezepte mit Ahornsirup durch braunen Reissirup ersetzen.

Kokosblütenzucker

Kokosblütenzucker wird aus dem Nektar der Kokosblüte gewonnen. Der Nektar wird zu Blöcken aus Kokoszucker (Jaggery) eingekocht. Jaggery wird dann getrocknet und per Handarbeit zu feinem Zucker gemahlen. Gesundheitlich besticht er besonders durch seinen niedrigen glykämischen Index, wodurch er den Blutzuckerspiegel viel langsamer ansteigen lässt als Honig oder Haushaltszucker. Er enthält außerdem wenig Fruktose, weshalb er auch bei Intoleranzen in geringen Mengen verträglich ist. Ebenfalls enthält er Aminosäuren, Mineralstoffe und B-Vitamine.

Roher Honig

Wir beziehen unseren Honig direkt von einem Bekannten mit einer eigenen kleinen Bio-Imkerei. Bei Honig ist es besonders wichtig zu wissen, woher er kommt, und dass er roh und nicht erhitzt ist. Honig lässt den Blutzuckerspiegel allerdings auch schnell ansteigen, also lieber in Maßen genießen.

Getrocknete Früchte

Getrocknete Früchte wie Feigen, Aprikosen und Rosinen verleihen Kuchenteigen, Müsliriegeln oder Granola eine wunderbare natürliche Süße. In Deutschland ist es allerdings schwer, getrocknete Früchte ohne Sulfate oder Haushaltszucker zu kaufen. Am ehesten findet man diese im Bio-Laden.

Vanille

Ich bin ein großer Fan von Vanille. Am liebsten kaufe ich sie bereits gemahlen. Das ist zwar teurer, aber eine 20-g-Dose reicht bei täglicher Benutzung im Frühstücksbrei oder in süßen Naschereien mindestens drei bis vier Monate. Alternativ am besten Vanilleschoten verwenden. Durch ihren intensiven Geschmack braucht man weniger Zucker in Kuchen und Co.

Fermentierte Lebensmittel

Fermentierte Lebensmittel sind für eine ausgeglichene Darmflora von größter Wichtigkeit. Besonders Miso und Sauerkraut enthalten gute Darmbakterien, welche die Verdauung unterstützen.

Miso

Miso ist eine Bohnenpaste, die mithilfe einer Hefe namens Koji fermentiert wird. Traditionell wird Miso aus Sojabohnen hergestellt, ich bevorzuge jedoch die sojafreien Alternativen wie Miso aus Naturreis. Unpasteurisierte Miso-Pasten enthalten die guten Darmbakterien (Probiotika), die uns bei der Verdauung unterstützen. Ebenfalls ist Miso eine sehr gute Proteinquelle, da es alle essentiellen Aminosäuren enthält. Tolle Marken in Deutschland sind Arche Naturküche und Schwarzwald Miso.

Sauerkraut

Früher mochte ich kein Sauerkraut, weil da meistens Kümmel drin war. Heute liebe ich es (allerdings ohne Kümmel) und mache es am liebsten selber (S. 51). Denn rohes, unpasteurisiertes Sauerkraut enthält eine Menge guter Bakterien, die für unsere Darmgesundheit besonders wichtig sind.

Tamari (glutenfreie Sojasauce)

Tamari ist eine weizenfreie Sojasauce, die es bereits in den meisten Supermärkten zu kaufen gibt. Ich benutze sie besonders gerne in Saucen, Currys und Eintöpfen.

Tofu

Als ich begann, meine Ernährung umzustellen, habe ich mich lange gewehrt, Tofu zu essen. Zu häufig entsteht Tofu aus GMO-Sojabohnen. Doch dann merkte ich, dass ich viel Tamari, Miso und Edamame esse – alles Sojaprodukte. Heute esse ich Tofu vielleicht einmal im Monat, und dann immer in Bio-Qualität und aus Bio-Soja. Wenn ihr gerne Tofu esst, dann lohnt sich auch die Investition in eine Tofupresse.

Haltbare Lebensmittel

Lebensmittel aus Gläsern oder Dosen helfen mir, auch gesund zu kochen, wenn es mal schnell gehen muss. Bohnen, Kichererbsen, Tomaten oder Kokosmilch habe ich für alle Fälle immer vorrätig.

Tomaten

Gerade für schnelle Eintöpfe, Saucen, Suppen oder Currys sind stückige Tomaten aus der Dose perfekt.

Kokosmilch

In Deutschland ausschließlich in der Dose oder im Tetrapack zu bekommen. Ihre cremige Konsistenz verfeinert Suppen, Currys oder mein Kokos-Porridge (S. 66). Auch in kalten Desserts wunderbar einsetzbar.

Gewürze

Mein Gewürzschrank ist mein Heiliger Gral, denn ohne Gewürze schmecken alle meine Rezepte einfach nur fad. Ich besitze sehr viele Gewürze, dennoch komme ich immer wieder auf die folgenden zurück:

- Cayennepfeffer
- Chiliflocken
- Ingwer, gemahlen
- Fenchelsamen
- Kreuzkümmel
- Kurkuma
- Koriander
- Meersalz (qualitativ hochwertig)
- Paprikapulver
- schwarzer Pfeffer
- Zimt

Frische Lebensmittel

Alle frischen Gemüsesorten und Früchte zu beschreiben, würde das ganze Buch füllen. Hier eine Auswahl meiner Lieblinge:

Äpfel

An apple a day keeps the doctor away. Diesem Sprichwort will ich gerne glauben, denn Äpfel enthalten eine Vielzahl an Vitalstoffen. Ich liebe sie roh oder als Apfelmus (S. 45) in gesünderem Gebäck.

Beeren

Im Sommer frisch, im Winter gefroren – Beeren habe ich immer zu Hause. Besonders dunkle

Beeren sind reich an Anthocyanen, einem Pflanzenstoff, der für ihren hohen Antioxidantien-Anteil sorgt. Egal ob Blaubeeren, Brombeeren, Erdbeeren oder Himbeeren – alle Beeren sind reich an Vitamin C und stärken somit das Immunsystem.

Avocados
Eines der wichtigsten Lebensmittel in meiner Küche. Wir essen sie am liebsten auf Vollkornbrot (S. 138), als Guacamole (S. 148) oder als Sauce in mexikanischen Gerichten. Avocados sind reich an guten Fettsäuren, Proteinen, Magnesium und B-Vitaminen.

Frischer Ingwer und Kurkuma
Beide Wurzeln sind besonders in asiatischen Gerichten zu finden, doch auch Smoothies, Säften und Getränken verleihen sie Heilkräfte. Sowohl Ingwer als auch Kurkuma kaufe ich in Bio-Qualität.

Frische Kräuter
Auch das einfachste Gericht wird durch die Zugabe von frischen Kräutern zu einem Hit. Mit ein wenig Basilikum, Petersilie, Minze, Koriander oder Dill kann man enorm viel Geschmack erzeugen. Auch in Pestos oder Smoothies verwende ich sie, da Kräutern diverse heilende Wirkungen zugesprochen werden.

Karotten
Karotten sind fast überall regional erhältlich und schützen unser Augenlicht mit ihrem hohen Gehalt an Beta-Carotin, das im Körper in Vitamin A umgewandelt wird.

Süßkartoffeln
Für mich das beste Knollengemüse, das es gibt. Süßkartoffeln sind so vielseitig einsetzbar und schmecken himmlisch süß und aromatisch. Sie enthalten enorm viel augenfreundliches Beta-Carotin und Ballaststoffe, sodass sie trotz ihrer Süße keine negativen Auswirkungen auf den Blutzuckerspiegel haben.

Zitrusfrüchte
Limetten und Zitronen habe ich immer vorrätig. Bevor ich Essen salze, gebe ich ein paar Spritzer Limetten- oder Zitronensaft dazu. Dadurch wird der Geschmack von Gerichten intensiviert, sodass man weniger nachsalzen muss. Auch die Schale gibt sowohl herzhaften als auch süßen Speisen ein tolles Aroma. Limetten und Zitronen unbedingt in Bio-Qualität kaufen, wenn die Schale verwendet wird.

Zwiebeln, Knoblauch und Frühlingszwiebeln
Zwiebeln, Knoblauch und Frühlingszwiebeln wirken antibakteriell und antimykotisch (gegen Pilze). Gerade Knoblauch ist für unsere Gesundheit von großem Vorteil, da er vor Infektionen schützt, die gesunde Darmflora unterstützt und sogar vor Krebs schützen soll.

Gesundes Backen

Weinstein-Backpulver
Gesundes Backen hat durch das Weglassen von Backpulver einen schlechten Ruf bekommen, da nichts fluffig oder locker-leicht schmeckt. Ich benutze deshalb in meinen Kuchen und Keksen Weinstein-Backpulver, das kein Aluminium enthält und glutenfrei ist.

Apfelessig
Vermengt man Mandel- oder Hafermilch mit Apfelessig, enthält man den Geschmack von säuerlicher Buttermilch. Faszinierend, oder? Ebenfalls wirkt Apfelessig als Triebmittel beim Backen.

Flohsamenschalen
Der Retter in der Not, wenn man glutenfrei backt. Nicht nur, dass Flohsamen gesundheitliche Vorzüge haben, sie halten auch glutenfreie Mehle zusammen und ermöglichen somit tolle Backergebnisse ganz ohne das Klebeeiweiß Gluten. Studien haben gezeigt, dass Flohsamen

positive Effekte auf den Blutzuckerspiegel und den Blutdruck haben können. Nimmt man Flohsamen pur zu sich, sollte man unbedingt auf ausreichende Flüssigkeitszufuhr achten, da sie Wasser binden. Ich benutze sie gerne beim glutenfreien Backen wie in meinem glutenfreien Vollkornbrot (S. 138).

Pfeilwurzelstärke
Eine weniger stark verarbeitete Starke, die aus der Wurzel der tropischen Pfeilwurzel gewonnen wird und leicht verdaulich und ballaststoffreich ist. Ich verwende sie gerne in Obstkuchen wie meinem Apfelkuchen (S. 223), da sie den Fruchtsaft andickt und den Kuchen zusammenhält. Alternativ kann auch Bio-Maisstärke verwendet werden.

Mineralwasser
Bei mir unersetzlich in Pancakes oder fluffigen Kuchen wie dem Versunkenen Kardamom-Beerenkuchen (S. 211). Ich trinke es zwar nicht mehr so häufig, doch beim Backen verwende ich es immer.

Leinsamen oder Chia-Ei
Wer sich nicht vegan ernährt, der kann jedes meiner Leinsamen- oder Chia-Eier durch ein Ei Größe M ersetzen. Ich esse selten Eier, deswegen verwende ich gerne pflanzliche Alternativen. Als Ersatz für ein Ei braucht man 1 EL gemahlene Leinsamen oder Chiasamen und 3 EL Wasser. Ca. 10 Minuten andicken lassen und eventuell mehr Wasser dazugeben, falls die Mischung zu trocken sein sollte.

Hefe
Ich verwende frische Hefe immer noch am liebsten. Viele Menschen vertragen getrocknete Hefe aber besser. Bei einer Zöliakie sollte man darauf achten, nur zertifizierte glutenfreie Hefe zu kaufen, da frische Hefe häufig auf glutenhaltigem Nährboden wächst.

Küchengeräte

Food Processor/Zerkleinerer
Will man sich langfristig gesund ernähren und viel selber machen, dann ist die Investition in einen guten Zerkleinerer zwingend. Ich benutze meinen Food Processor von Magimix täglich und viel öfter als meinen Mixer. Auch mein Thermomix ist ein toller, allerdings teurer Food Processor.

Stabmixer
Ein Küchengerät, ohne das bereits meine Großmutter nicht leben konnte. Perfekt für jeden, der gerne Suppen, Hummus oder Dips zubereiten möchte.

Mixer
Ich benutze die bekannte Marke Vitamix, doch auch günstigere Mixer erzielen bereits tolle Ergebnisse. Allerdings rate ich nur dann zum Kauf, wenn ihr täglich Smoothies trinkt und großen Wert auf eine wirklich feine Konsistenz legt. Mixer sind besonders geeignet für Lebensmittel, die auf Flüssigkeiten basieren. Cremige Dips oder Hummus bleiben leider häufig an den Seiten von Mixern kleben. Für sie verwende ich meinen Food Processor.

Entsafter
Ich trinke am Wochenende sehr gerne Säfte, jedoch hält mich manchmal das Saubermachen des Entsafters oft davon ab. Entsafter können, müssen aber nicht teuer sein. Meiner hat etwa 80 Euro gekostet und hält seit vier Jahren.

Spiralschneider
Zur Herstellung von Gemüsenudeln ist die Anschaffung eines Spiralschneiders sinnvoll. Ich benutze einen günstigen Hand-Spiralschneider, der in der Küchenschublade wenig Platz wegnimmt.

BASISREZEPTE

»Wie fange ich am besten an?« Das ist eine der Fragen, die mir am häufigsten gestellt werden. Für mich ist die Antwort ganz klar: mit den Basisrezepten in diesem Kapitel. Wenn ihr euch erst einmal durch die nächsten Seiten gekocht habt, dann habt ihr euer erstes eigenes Mandelmus zubereitet, Apfelmus aus euren Lieblingsäpfeln gekocht, Hafermilch für weniger als 30 Cent pro Liter hergestellt und Gemüsebrühe in nur 5 Minuten gezaubert. Klingt unmöglich? Das dachte ich auch erst, als ich begann, meine Ernährung umzustellen. Doch nachdem ich meine erste pflanzliche Milch durch ein Seihtuch gewrungen hatte, war ich fasziniert, wie einfach und schnell man seine eigenen Lebensmittel herstellen kann. Es macht wirklich riesigen Spaß, und man wird mit der Zeit immer geübter und experimentierfreudiger. Auch aus gesundheitlichen Gründen ergibt es viel Sinn, ein paar Grundnahrungsmittel selber zu machen. Gerade

Lebensmittel wie Saucen, pflanzliche Drinks oder Gemüsebrühwürfel stecken voll von Zucker und unaussprechlichen Zusatzstoffen wie Geschmacksverstärkern, Farbstoffen oder Konservierungsstoffen.

Wer sich also so naturbelassen wie möglich ernähren möchte, der macht selber. Natürlich schaffe auch ich es nicht immer, meine eigene Hafermilch zu machen, da bin ich ganz ehrlich. Doch wenn sie mal wieder aus ist, dann weiß ich genau, wie ich im Nu meine eigene Version zubereite. Für einige der Rezepte in dem folgenden Kapitel sowie in vielen anderen Rezepten in diesem Buch benötigt ihr einen Food Processor, also eine Küchenmaschine, die zerkleinern kann. Wenn ihr euch langfristig gesund ernähren wollt, dann ist die Anschaffung eines solchen Küchengerätes sinnvoll. Mehr über meine Küchengeräte erfahrt ihr auf Seite 38.

GEMÜSEBRÜHEPASTE

Zeitaufwand
ca. 5 Minuten

Für ein 500-g-Glas
400 g Suppengrün nach Wahl
 (Sellerie, Karotten, Petersilie)
80 g Meersalz

Mein Rezept für selbst gemachte Gemüsebrühepaste ist eines der beliebtesten Rezepte auf meinem Blog. In 5 Minuten habt ihr eine Gemüsebrühepaste, die jede Suppe und jeden Eintopf verfeinert und sich im Kühlschrank viele Monate hält. Ich nutze die Paste wie normale Gemüsebrühe, also ca. 2 TL für 500 ml Flüssigkeit.

- Das Suppengrün waschen und in Stücke schneiden. Alles in einen starken Food Processor geben und ca. 30 Sekunden auf höchster Stufe zerkleinern.
- Das Meersalz hinzugeben und noch einmal 20–30 Sekunden auf mittlerer Stufe unterrühren.
- In einem luftdichten Glasbehälter (z.B. Weckglas) hält sich die Gemüsebrühepaste ca. 4 Monate im Kühlschrank, da das Salz die Paste konserviert.

GLUTENFREIE MEHLMISCHUNG

Zeitaufwand
ca. 5 Minuten

Für ca. 400 g Mehlmischung
200 g Vollkornreismehl
100 g Hirsevollkornmehl
50 g Maisstärke
50 g Kartoffelstärke
1 TL Flohsamenschalen

Alle Rezepte in diesem Buch sind natürlich glutenfrei, allerdings backe ich gerne mit Dinkel- oder Roggenvollkornmehl. Diese glutenfreie Mischung ersetzt die meisten Vollkornmehle in Brot oder Gebäck.

- Alle Zutaten in einer Rührschüssel vermengen und mit dem Schneebesen sorgfältig miteinander vermischen.

APFELMUS (APFELMARK)

Zeitaufwand
25 Minuten

Für 1 kg Apfelmus
1 kg süße Äpfel
2 EL (ca. 30 ml) Zitronensaft
60 ml Wasser

Apfelmus selber zu machen ist wirklich nicht schwer. Der Vorteil am Selbermachen ist, dass das Apfelmus 100 % natürlich und ohne Zusatzstoffe ist. Zudem enthält es so nur natürlichen Fruchtzucker.

- Die Äpfel schälen, entkernen und in Stücke schneiden.
- Die Apfelstücke zusammen mit dem Zitronensaft und dem Wasser in einen großen Kochtopf geben. Den Deckel auflegen und 15–20 Minuten oder so lange, bis die Äpfel weich gekocht sind, auf mittlerer Hitze köcheln lassen.
- Den Topf vom Herd nehmen und das Apfelmus abkühlen lassen.
- In einen Food Processor oder hitzeresistenten Mixer geben und fein pürieren.

MANDELMUS (MANDELBUTTER)

Zeitaufwand
20 Minuten

Für 350 g Mandelmus
350 g Mandeln
1 Prise Meersalz
½ TL Zimt (optional)

Essentiell in meiner Küche: selbst gemachtes Mandelmus. Ich esse es am liebsten pur auf meinem Vollkornbrot (S. 138), in Dressings (S. 110) oder unter selbst gemachter Marmelade (S. 49).

- Den Backofen auf 160°C Umluft (180 °C Ober- und Unterhitze) vorheizen. Die Mandeln auf einem Backblech verteilen und ca. 8–10 Minuten im Backofen rösten. Die Mandeln komplett erkalten lassen.
- Die Mandeln in die Küchenmaschine geben und auf höchster Stufe ca. 4–5 Minuten zermahlen. Zuerst werden die Mandeln zu Mandelmehl und nach ein paar Minuten wird das Fett in den Mandeln freigesetzt, was letztendlich zur flüssigen musartigen Konsistenz führt. Nach 4–5 Minuten das Mandelmus, das sich an den Rändern festgesetzt hat, mit einem Spatel herunterschieben. Weitere 2 Minuten auf hoher Stufe mixen, bis es eine leicht flüssige Konsistenz angenommen hat. Je nach Maschinenstärke müssen eventuell kurze Pausen eingelegt werden, damit das Gerät nicht heiß läuft.
- In einem luftdichten Glas hält sich das Mandelmus im Kühlschrank ca. 2–3 Wochen.

PFLANZENMILCH

In den letzten Jahren ist das Angebot an pflanzlichen Drinks in den Supermärkten stark gewachsen, doch häufig enthalten diese viele Stabilisatoren, Emulgatoren, Zucker und synthetische Vitamine. Die gesündeste Variante ist also zu lernen, wie man pflanzliche Milch selber macht. Das ist anders als gedacht sogar ziemlich einfach: Man braucht nur ein Passiertuch oder einen Nussmilch-Beutel. Bei der Herstellung arbeite ich am liebsten mit Tassen und Verhältnissen. Was man sich merken sollte, ist das Verhältnis von 1:4. Also auf eine Tasse Nüsse oder Getreide kommen vier Tassen Wasser. Meine Lieblingsmilch ist Hafermilch, weil diese ohne Passiertuch und zusätzliche Süße auskommt. Auch Cashewmilch muss nicht durchgeseiht werden. Alle pflanzlichen Milchsorten halten sich im Kühlschrank ca. 4–5 Tage.

Mandelmilch

Einweichzeit
6 Stunden

Für 1 l
1 Tasse (200 g) blanchierte
  Mandeln
4 Tassen (1 l) stilles Wasser
1 Dattel, entsteint, oder 1 TL
  Ahornsirup
½ TL Zimt (optional)

- Die Mandeln in eine Schüssel geben und komplett mit klarem Wasser bedecken. Mindestens 6 Stunden, am besten über Nacht, einweichen, sonst gelingt das Rezept leider nicht.
- Die Mandeln abgießen, zusammen mit dem stillen Wasser in einen Mixer geben und ca. 1 Minute pürieren. Das Passiertuch über eine große Schüssel legen und die Mandelmilch nach und nach durch das Tuch gießen. Anschließend das Tuch mit den Händen umwickeln und alle Flüssigkeit herauspressen. Nach Belieben mit einer Dattel oder 1 TL Ahornsirup und etwas Zimt in einen Mixer geben und kurz pürieren.

Cashewmilch

Einweichzeit
3 Stunden

Für 1 l
1 Tasse (200 g) Cashewkerne
4 Tassen (1 l) stilles Wasser

- Die Cashewkerne für ca. 3 Stunden in einer Schüssel mit klarem Wasser einweichen.
- Das Wasser abgießen und die Cashewkerne mit 1 l Wasser in einen Mixer geben und fein pürieren. Ich gebe Cashewmilch nicht durch ein Passiertuch, weil sie dann schön cremig bleibt.

Hafermilch

Einweichzeit
ca. 30 Minuten

Für 800 ml
1 Tasse (125 g) (glutenfreie)
 Haferflocken
4 Tassen (1 l) Wasser

- Die Haferflocken ca. 20–30 Minuten in einer Schüssel mit Wasser einweichen. Das Wasser abgießen und die Haferflocken zusammen mit 1 l Wasser in einen Mixer geben und ca. 30 Sekunden pürieren, bis sich die Haferflocken mit dem Wasser vermengt haben. Die Hafermilch durch ein feines Sieb gießen und mit einem Löffel die restliche Flüssigkeit aus dem Hafermix drücken, der sich am Sieb festsetzt.
- Die Milch in eine Karaffe oder in eine saubere Flasche füllen. Im Kühlschrank hält sie sich bis zu 4 Tage.

SELBST GEMACHTE MARMELADE

Zeitaufwand
10 Minuten

Für 300 g Marmelade
300 g gefrorene Himbeeren
2 EL roher Honig (oder Ahornsirup)
3 EL geschrotete Leinsamen
   (oder ganze Chiasamen)

Marmelade kochen ist sexy! Zumindest dann, wenn man dafür nur drei wunderbare Zutaten braucht. Die Beerenarten könnt ihr nach Lust und Laune variieren und kombinieren.

- Die gefrorenen Himbeeren in einen kleinen Kochtopf geben und bei mittlerer Hitze ca. 5–7 Minuten erwärmen. Sobald die Himbeeren etwas Flüssigkeit verlieren und zerfallen, mit dem Kochlöffel nachhelfen, damit eine fast glatte Himbeersauce entsteht. Die warmen Himbeeren vom Herd nehmen und den Honig sowie die Leinsamen (oder Chiasamen) unterrühren. In ein sterilisiertes Glas umfüllen und komplett erkalten lassen. Im Kühlschrank hält sich die Marmelade einige Tage.
- Chiasamen geben der Marmelade eine gelartigere Konsistenz. Da Leinsamen regional angebaut werden, verwende ich jedoch vermehrt das heimische Superfood als Geliermittel.

EINFACHE TOMATENSAUCE

Zeitaufwand
30 Minuten

Für 1 l
1 Zwiebel
1 Knoblauchzehe
2 EL natives, kalt gepresstes
   Olivenöl
2 Dosen ganze Tomaten
   (je 400 g)
1 ganzes Bund Basilikum
1 EL Balsamico-Essig
2 EL Gemüsebrühepaste (siehe
   S. 42)
Meersalz und Pfeffer

Jeder braucht ein Rezept für eine einfache und selbst gemachte Tomatensauce. Der Trick ist ein Schuss Balsamicoessig – dadurch wird die Tomatensauce erst so richtig aromatisch.

- Zwiebel und Knoblauch schälen und fein hacken. Das Olivenöl in einer großen Pfanne erhitzen. Knoblauch und Zwiebeln für einige Minuten anbraten, bis die Zwiebeln leicht gebräunt sind.
- Tomaten, ganze Basilikumblätter, Balsamico, Gemüsebrühepaste und frisch gemahlenen Pfeffer hinzugeben. Kurz aufkochen lassen, die Hitze reduzieren und ca. 20 Minuten einkochen. Zwischendurch die Tomaten mit einem Kochlöffel zerkleinern. Mit Meersalz abschmecken. Sofort mit Vollkornpasta servieren oder in einem Glascontainer nach dem Abkühlen für ca. 4 Tage im Kühlschrank aufbewahren.

SAUERKRAUT

Zeitaufwand
30 Minuten +
2–3 Tage Wartezeit

Für 1 kg Sauerkraut
1 Weißkohl oder Spitzkohl
 (ca. 1 kg)
1 EL Meersalz

Das traditionelle deutsche Sauerkraut erlebt gerade ein richtiges Revival. Zum Glück, denn Sauerkraut ist super für unsere Darmgesundheit. Die enthaltenen Probiotika (die guten Darmbakterien) unterstützen die Verdauung und sorgen für eine ausbalancierte Darmflora. Leider ist Sauerkraut häufig pasteurisiert, wodurch die guten Bakterien abgetötet werden. Selbst gemachtes Sauerkraut ist hingegen roh und enthält somit noch alle Nährstoffe und Probiotika.

- Damit sich das Sauerkraut lange hält, sollte man das Einmachglas vorher sterilisieren/abkochen. Dafür einen großen Kochtopf mit Wasser füllen und dieses aufkochen. Das Einmachglas und den Deckel hineingeben und ca. 20 Minuten abkochen.
- Die äußeren Blätter des Kohls abtrennen und ein Blatt zur Seite legen. Den Strunk des Kohls entfernen. Den Kohl in feine Streifen schneiden und in eine große Schüssel geben. Das Salz hinzufügen und ca. 10 Minuten mit sauberen Händen gut durchkneten, bis der Kohl weich wird und einen Großteil seiner Flüssigkeit verloren hat.
- Das Einmachglas aus dem kochenden Wasser herausnehmen und auf ein sauberes Küchentuch legen.
- Den Weißkohl mitsamt der Flüssigkeit in das Einmachglas geben und darauf achten, dass der Kohl komplett mit Flüssigkeit bedeckt ist. Ca. 2 cm Luft für das Kohlenstoffdioxid lassen, das sich während der Fermentation bilden wird. Das beiseitegelegte Kohlblatt falten und den Kohl damit bedecken. Das Glas locker verschließen, aber nicht fest zudrehen.
- Den Kohl ca. 2–3 Tage in der Küche stehen lassen, hin und wieder aufschrauben, um das Kohlenstoffdioxid entweichen zu lassen. Nach 2 Tagen am Sauerkraut riechen und probieren. Es sollte einen leicht säuerlichen, aber nicht faulen Geschmack entwickelt haben.
- Das Sauerkraut anschließend im Kühlschrank aufbewahren. Es hält sich viele Wochen.

FRÜHSTÜCK

»Ich hab morgens eigentlich nie Hunger« – diesen Satz wird man niemals von mir hören. Ich bin der absolute Frühstücksmensch und könnte noch im Bett mein Porridge futtern. Schon als Kind bin ich vor der Schule extra früher aufgestanden, um noch in Ruhe frühstücken zu können. Nur 10 Minuten, aber diese 10 Minuten waren mir als Kind schon extrem wichtig. Heute weiß ich, dass 10 Minuten morgens die Welt bedeuten können. Denn in dieser kurzen Zeit kann man ein leckeres Porridge zubereiten, das einem Energie und Nährstoffe für den Arbeitstag gibt. Wer wirklich keine 10 Minuten morgens hat, weil sie oder er pendelt, kleine Kinder in die Schule bringen muss oder Pech bei der Stundenplanwahl an der Uni hatte, für die oder den habe ich im folgenden Kapitel auch eine Lösung. Sie heißt Overnight Oats und entsteht magisch über Nacht. Kein Kochen nötig. Keine Zeit verloren. Ja, sogar Zeit gewonnen.

Alle Rezepte auf den folgenden Seiten sind so einfach wie möglich gehalten, denn Frühstück ist besonders für Einsteiger in der gesunden Ernährung bestens geeignet. Die Rezepte wie das Nordische Birchermüsli (S. 57), das Kokos-Porridge (S. 61) oder all die Overnight-Oats-Variationen (S. 54) geben dem Körper Energie, die den ganzen Vormittag anhält. So werden Energietiefs verhindert und das Gehirn bleibt konstant aktiv.

Wer am Wochenende dann Lust auf etwas Ausgefalleneres hat, der muss unbedingt die Carrot Cake Pancakes (S. 58) ausprobieren.

OVERNIGHT OATS

Zubereitungszeit
5 Minuten
Einweichzeit
mindestens 2 Stunden,
  am besten über Nacht

Für 2 Personen
100 g (glutenfreie) Haferflocken
375 ml (glutenfreie) Hafermilch
2 EL Chiasamen oder ge-
  schrotete Leinsamen
½ TL Zimt
1 Spritzer frischer Zitronensaft
1 Prise Vanillepulver oder der
  Inhalt einer halben Vanilleschote

Für mich gibt es kaum ein einfacheres, leckereres und wandel-
bareres Frühstück – Overnight Oats sind einfach genial! Ihren
Ursprung haben sie im Schweizer Birchermüsli, denn Overnight
Oats sind über Nacht eingeweichte Haferflocken. Am Abend kommen alle Zutaten in ein Glas oder eine Schüssel, die Nacht verbringen sie im Kühlschrank und am nächsten Morgen hat man
wie von Zauberhand ein nahrhaftes Frühstück. Overnight Oats
sind deswegen besonders für Einsteiger der gesunden Ernährung
zu empfehlen. Der Spaß fängt aber erst richtig bei den Toppings
an, denn Obst, Granola oder Nussmus bringen Abwechslung und
weitere Nährstoffe hinein.

- Alle Zutaten in ein Glas geben, vermischen und über Nacht
  abgedeckt in den Kühlschrank stellen.
- Am nächsten Morgen umrühren und mit den Lieblingstoppings
  (siehe unten) garnieren.

Mögliche Toppings

Erdbeeren + Schoko
100 g Erdbeeren
3 EL Schoko-Nuss-Granola
  (Rezept S. 64)

Blaubeeren + Mandelmus
100 g Blaubeeren
2 EL Mandelmus (Rezept
  S. 45)

**Brombeeren +
Kokos-Joghurt**
100 g Brombeeren
3 EL Kokos-Joghurt

**Himbeeren, Granola +
Erdnussmus**
100 g Himbeeren
3 EL Texanisches
  Pekan-Granola (Rezept
  S. 63)
1 EL Erdnussmus

HIMMLISCH FÜR KÖRPER UND SEELE, WEIL …

… das Einweichen der Haferflocken die enthaltene Phytinsäure aufbricht, was die Haferflocken bekömmlicher macht. Phytinsäure ist in fast allen Getreidesorten und Hülsenfrüchten in der äußeren Schicht enthalten. Sie verhindert, dass ein Same keimt, bevor er
sich in der idealen Umgebung befindet. Während des Keimens dient Phytinsäure dann als
Energiequelle für den Keimling. Leider tut uns Menschen Phytinsäure gar nicht gut, denn
sie verhindert zu einem Großteil die Aufnahme von Zink, Magnesium, Eisen und Calcium.
Zudem behindert sie verschiedene Enzym-Prozesse im Körper.

NORDISCHES BIRCHERMÜSLI

Zubereitungszeit
5 Minuten
Einweichzeit
mindestens 2 Stunden,
   am besten über Nacht

Für 2 Personen
30 g Mandeln
20 g Haselnüsse (oder mehr
   Mandeln)
1 Apfel
20 g Sonnenblumenkerne
40 g geschälter Buchweizen
70 g (glutenfreie) Haferflocken
250 ml (glutenfreie) Hafermilch
1 TL roher Honig
1 EL frischer Zitronensaft
½ TL Ingwer
1 Prise Kardamom
½ TL Zimt
2 EL Kokosjoghurt (oder
   Joghurt nach Wahl)

Zugegeben, diese Birchermüsli-Variante ist etwas für Experimentierfreudige. Es handelt sich dabei nämlich um eingeweichten rohen Buchweizen, Haferflocken und Kardamom. Wem Haferflocken zum Frühstück auf Dauer zu langweilig werden, dem empfehle ich sehr, eingeweichten Buchweizen auszuprobieren. Er ist nicht nur eine regionale Spezialität hier in der Lüneburger Heide, sondern auch besonders gesund, glutenfrei und blutdrucksenkend.

- Die Mandeln und Haselnüsse grob hacken. Den Apfel halbieren, entkernen und in mundgerechte Stücke schneiden oder reiben. Die Nüsse und den Apfel zusammen mit den übrigen Zutaten in zwei Gläsern vermengen und über Nacht zum Einweichen in den Kühlschrank stellen.
- Am nächsten Morgen mit frischen Früchten, ein wenig mehr Joghurt oder einfach pur genießen.

HIMMLISCH FÜR KÖRPER UND SEELE, WEIL …

… der rohe Buchweizen durch das Einweichen über Nacht von der verdauungshinderlichen Phytinsäure befreit wird. Auch werden Buchweizen blutdrucksenkende Eigenschaften zugeschrieben, weshalb ich besonders gerne auf das Knöterichgewächs zugreife.

CARROT CAKE PANCAKES

Zubereitungszeit
10 Minuten
Ruhezeit
ca. 30 Minuten
Backzeit
variiert

Für 12 Pancakes
1 Karotte (ca. 100 g)
60 g (glutenfreie) Haferflocken
100 g Vollkornreismehl
30 g Pfeilwurzelstärke oder Maisstärke
1 TL Zimt
¼ TL Muskatnuss
1 TL Weinstein-Backpulver
2 Bananen (ca. 160 g)
125 ml Mandelmilch
30 g natives Kokosöl, mehr zum Backen
130 ml Mineralwasser mit Kohlensäure
Ahornsirup für das Topping

Dieses Rezept verbindet zwei wundervolle Dinge: Rüblikuchen (engl. Carrot Cake) und Pancakes. Die Carrot Cake Pancakes kamen besonders bei meinen männlichen Rezepttestern sehr gut an. Und das, obwohl sie erst skeptisch waren als sie »gesunde Pancakes« hörten. Ich musste wirklich aufpassen, dass sie mir die kleinen Pfannkuchen nicht vor der Linse wegschnappten, als ich sie für das Buch fotografierte. Ein besseres Kompliment für ein Rezept kann es gar nicht geben. Merkt euch diese Pancakes also am besten für euren nächsten Wochenend-Brunch mit Freunden vor.

- Die Karotte reiben. Die Haferflocken in einem Food Processor oder Mixer zu einem feinen Mehl zermahlen. In eine Schüssel umfüllen und mit dem Vollkornreismehl, der Stärke, den Gewürzen und dem Backpulver sorgfältig mischen.
- Die Bananen mit der Mandelmilch und dem Kokosöl in den Food Processor oder Mixer geben, pürieren und in eine zweite Schüssel umfüllen. Alternativ die Banane mit einer Gabel zerdrücken und mit einem Schneebesen mit der Mandelmilch und dem Kokosöl verrühren. Die Mehlmischung hinzugeben und klümpchenfrei unterrühren. Zum Schluss das Mineralwasser und die geriebenen Karotten unterheben und den Teig ca. 30 Minuten ruhen lassen.
- 1 EL Kokosöl in einer Pfanne erhitzen. Pro Pancake ca. 2–3 EL Teig ins heiße Öl geben. Den Teig mit einem Löffel rund formen und die Pancakes ca. 4–5 Minuten goldgelb backen, zwischendurch immer wieder wenden. Es muss nicht für jeden Pancake neues Kokosöl in die Pfanne gegeben werden. Die Pfanne sollte nur nicht zu trocken werden.
- Die Carrot Cake Pancakes mit Ahornsirup servieren.

HIMMLISCH FÜR KÖRPER UND SEELE, WEIL …

… Karotten nicht nur auf natürliche Weise süßen und Sonnenschein auf den Teller bringen, sondern auch voller Nährstoffe stecken. Besonders bekannt sind Karotten für ihren Gehalt an Beta-Carotin, dem sogenannten Provitamin A, das im Körper in Vitamin A umgewandelt wird. Vitamin A schützt unser Augenlicht und stärkt unser Immunsystem. Weniger bekannt, aber genauso wichtig ist die positive Wirkung von Vitamin A auf unsere Nieren und Leber sowie gegen Entzündungen im Körper.

HEAVENLY-PORRIDGE-VARIATIONEN

Zubereitungszeit
2 Minuten
Kochzeit
10 Minuten

Für 2 Personen
100 g (glutenfreie) Haferflocken
240 ml (glutenfreie) Hafermilch
100 ml Wasser
Saft einer halben Orange
1 TL roher Honig
1 Prise Zimt
1 Prise Vanille

Wenn man meinen Instagram-Account durchscrollt, dann wird schnell klar, wie sehr ich Porridge-Variationen liebe. Nach jahre-langem Testen habe ich mein Lieblings-Basis-Rezept gefunden und teile es nur allzu gerne in diesem Buch. Mein Freund und ich sind sehr routiniert, was dieses Rezept angeht – da sitzt morgens jeder Handgriff in der Porridge-Jahreszeit. Doch auch im Sommer kommt es bei uns häufig mit heimischen Beeren auf den Tisch.

- Die Haferflocken mit der Hafermilch und dem Wasser in einen kleinen Kochtopf geben. Auf mittlerer Hitze erwärmen, bis die Mischung anfängt zu kochen. Die Hitze reduzieren und unter ständigem Rühren ca. 5 Minuten weiterköcheln lassen. Even-tuell etwas mehr Hafermilch oder Wasser einrühren, wenn das Porridge am Topf ansetzt.
- Kurz vor dem Servieren Orangensaft, Honig und Gewürze unter-rühren und je nach Geschmack mit den Toppings (siehe unten) dekorieren.

Mögliche Toppings

Banane + Leinsamen + Mandelmus	**Sommerliche Beeren**	**Apfel + Chai**	**Warme Beeren + Kakao**
1 Banane	1 Handvoll Himbeeren	½ geraspelter Apfel	60 g gefrorene Beeren, in der Pfanne aufgewärmt
2 EL geschrotete Leinsa-men	1 Handvoll Blaubeeren	1 Prise Kardamom	1 EL Kakao-Nibs
1 EL Mandelmus (Rezept S. 45)	1 Handvoll Brombeeren	1 Prise gemahlene Nelken	

HIMMLISCH FÜR KÖRPER UND SEELE, WEIL …

… die in Haferflocken enthaltenen Ballaststoffe den Blutzucker- und Cholesterinspiegel senken. Der Ballaststoff Beta-Glucan beispielsweise sorgt für ein längeres Sättigungsgefühl und eine Vermehrung der positiven Darmbakterien. Haferflocken sind also das ideale gesunde Frühstück.

VIER
GRANOLA-VARIATIONEN

Früher war es mein Traum, ein eigenes Müsli-Café zu eröffnen. Damals war es allerdings aus Liebe zu Köllns Schoko-Müsli, heute wäre es aus Liebe zu selbst gemachtem Granola. Denn da weiß ich genau, was drin ist, und ich kann den Zuckergehalt kontrollieren. Ich probiere ständig neue Granola-Variationen aus und liebe es, Porridge oder Overnight Oats damit zu garnieren. Der Favorit meines Freundes Jannis unter meinen Granolas ist übrigens das Schoko-Granola. Er gibt es am liebsten zu seinen Overnight Oats (S. 54), um am nächsten Morgen leckere Schoko-Overnight-Oats zu haben.

Texanisches Pekan-Granola

Zubereitungszeit
20 Minuten
Backzeit
30 Minuten

Für ein Blech
100 g Pekannüsse
200 g grobe (glutenfreie)
   Haferflocken
2 EL geschrotete Leinsamen
3 EL natives Kokosöl
1 TL Zimt
2 EL roher Honig

- Den Backofen auf 160 °C Umluft (180 °C Ober- und Unterhitze) vorheizen.
- Die Pekannüsse grob hacken oder im Food Processor kurz pulsieren. Haferflocken, geschrotete Leinsamen und gehackte Pekannüsse in einer Rührschüssel vermengen.
- Das Kokosöl in einer kleinen Pfanne auf niedriger Stufe erhitzen. Zimt und Honig hinzugeben und alles zu einer klebrigen Paste verrühren. Die Paste zu den trockenen Zutaten geben und mit einem Holzlöffel gut miteinander vermengen.
- Das Granola auf einem mit Backpapier ausgelegten Backblech verteilen und ca. 20 Minuten rösten. Das Backblech herausnehmen, das Granola etwas auflockern und umrühren. Das Backblech andersherum für weitere 10 Minuten in den Ofen geben. Das Granola aus dem Ofen nehmen, komplett abkühlen lassen und in einem luftdichten Glascontainer aufbewahren.

Schoko-Nuss-Granola

Zubereitungszeit
20 Minuten
Backzeit
30 Minuten

Für ein Blech
100 g Haselnüsse
200 g grobe (glutenfreie)
  Haferflocken
2 EL Kokosöl
2 EL rohes Kakaopulver, stark
  entölt
2 EL Ahornsirup
½ TL Vanillepulver oder der
  Inhalt einer halben Vanilleschote

- Den Backofen auf 160 °C Umluft (180 °C Ober- und Unterhitze) vorheizen.
- Die Haselnüsse grob hacken oder im Food Processor kurz pulsieren. Haferflocken und gehackte Haselnüsse in einer Rührschüssel vermengen.
- Das Kokosöl in einer kleinen Pfanne auf niedriger Stufe erhitzen. Kakaopulver, Ahornsirup und Vanille hinzugeben und zu einer klebrigen Paste verrühren. Die Paste zu den trockenen Zutaten geben und mit einem Holzlöffel gut miteinander vermengen.
- Das Granola auf einem mit Backpapier ausgelegten Backblech verteilen und ca. 20 Minuten rösten. Das Backblech herausnehmen, das Granola etwas auflockern und umrühren. Das Backblech andersherum für weitere 10 Minuten in den Ofen geben. Das Granola aus dem Ofen nehmen, komplett abkühlen lassen und in einem luftdichten Glascontainer aufbewahren.

Chai-Granola

Zubereitungszeit
20 Minuten
Backzeit
30 Minuten

Für ein Blech
70 g Mandeln
200 g grobe (glutenfreie)
  Haferflocken
70 g Kürbiskerne
70 g Sonnenblumenkerne
4 EL natives Kokosöl
3 EL roher Honig
¼ TL gemahlener Kardamom
¼ TL Piment
¼ TL gemahlene Nelken
1 TL Zimt
½ TL Ingwer

- Den Backofen auf 160 °C Umluft (180 °C Ober- und Unterhitze) vorheizen.
- Die Mandeln grob hacken oder im Food Processor kurz pulsieren. Haferflocken und gehackte Mandeln, Kürbis- und Sonnenblumenkerne in einer Rührschüssel vermengen.
- Das Kokosöl in einer kleinen Pfanne auf niedriger Stufe erhitzen. Honig und alle Gewürze hinzugeben und alles zu einer klebrigen Paste verrühren. Die Paste zu den trockenen Zutaten geben und mit einem Holzlöffel gut miteinander vermengen.
- Das Granola auf einem mit Backpapier ausgelegten Backblech verteilen und ca. 20 Minuten rösten. Das Backblech herausnehmen, das Granola etwas auflockern und umrühren. Das Backblech andersherum für weitere 10 Minuten in den Ofen geben. Das Granola aus dem Ofen nehmen, komplett abkühlen lassen und in einem luftdichten Glascontainer aufbewahren.

Apfelmus-Granola

Zubereitungszeit
20 Minuten
Backzeit
30 Minuten

Für ein Blech
70 g Mandeln
200 g grobe (glutenfreie)
  Haferflocken
60 g geschrotete Leinsamen
3 EL natives Kokosöl
2 TL Zimt
120 g Apfelmark
50 g Apfelchips, dehydriert,
  ohne Zuckerzusatz

- Den Backofen auf 160 °C Umluft (180 °C Ober- und Unterhitze) vorheizen.
- Die Mandeln grob hacken oder im Food Processor kurz pulsieren. Haferflocken, geschrotete Leinsamen und gehackte Mandeln in einer Rührschüssel vermengen.
- Das Kokosöl in einer kleinen Pfanne auf niedriger Stufe erhitzen. Zimt und Apfelmark hinzugeben und alles zu einer klebrigen Paste verrühren. Die Paste zu den trockenen Zutaten geben und mit einem Holzlöffel gut miteinander vermengen, sodass alles gut mit dem klebrigen Mix bedeckt ist.
- Das Granola auf einem mit Backpapier ausgelegten Backblech verteilen und ca. 20 Minuten rösten. Das Backblech herausnehmen, das Granola etwas auflockern und umrühren. Das Backblech andersherum für weitere 10 Minuten in den Ofen geben.
- In der Zwischenzeit die Apfelchips grob hacken. Das Granola aus dem Ofen nehmen und komplett abkühlen lassen. Anschließend die Apfelchips hinzugeben und das Granola in einem luftdichten Glascontainer aufbewahren.

KOKOS-PORRIDGE MIT HIMBEEREN

Zubereitungszeit
5 Minuten
Kochzeit
10 Minuten

Für 2 Personen
100 g (glutenfreie) Haferflocken
350 ml Wasser
6 EL Kokosmilch
1 TL Kokosöl
1 TL Mandelmus (Rezept
   S. 45)
1 TL Ahornsirup
½ TL Zimt
100 g Himbeeren

Auch in den wärmeren Monaten mache ich mir gerne ein Porridge am Morgen. Im Sommer am liebsten mit Kokosmilch und saftigen Himbeeren. Im Winter schmeckt es natürlich auch mit geriebenem Apfel oder warmen Beeren. So kann man in nur 15 Minuten ein cremiges, wohltuendes, sättigendes und nahrhaftes Frühstück zubereiten. In nur 15 Minuten kann man seinen Körper schon morgens verwöhnen. Da soll noch einer sagen, er habe keine Zeit, um gesund zu essen.

- Die Haferflocken zusammen mit dem Wasser und der Kokosmilch in einen kleinen Kochtopf geben und kurz bei hoher Hitze aufkochen.
- Die Hitze reduzieren, das Kokosöl und das Mandelmus zugeben und unter ständigem Rühren ca. 5 Minuten weiterkochen. Sollte das Porridge ansetzen, dann etwas mehr Wasser oder Kokosmilch hinzugeben.
- Zum Schluss den Ahornsirup sowie den Zimt unterrühren und mit den Himbeeren servieren.

HIMMLISCH FÜR KÖRPER UND SEELE, WEIL ...

... Kokosmilch – sofern sie in Bio-Qualität und ohne Zusatzstoffe gekauft wird – durchaus gesundheitliche Vorteile bietet. Lange wurde vor den gesättigten Fettsäuren der Kokosmilch gewarnt und auch heute sind Kokosfleisch, Kokosöl und Kokosmilch umstritten. Kokosöl besteht zu 65 % aus mittelkettigen Triglyceriden (MCT-Fetten), die laut heutigem Stand der Forschung von unserem Körper schneller zur Energiegewinnung genutzt werden als andere gesättigte Fettsäuren und somit nicht in den Fettdepots gespeichert werden. Studien fanden ebenfalls heraus, dass Laurinsäure, eine der gesättigten Fettsäuren in Kokosprodukten, antibakterielle Wirkung gegen Krankheitserreger haben soll. Ich liebe Kokosöl auf jeden Fall, schon alleine wegen seines Geschmacks, in diesem Porridge.

CHIA-PUDDING MIT BLAUBEERKOMPOTT

Zubereitungszeit
5 Minuten
Kochzeit
5 Minuten
Einweichzeit
mindestens 2 Stunden, am
besten über Nacht

Für 2 Personen

Für den Chia-Pudding
230 ml Mandelmilch (oder
andere pflanzliche Milch)
2 EL Kokos-Chips
1 TL Kokosblütensirup oder
Ahornsirup
3 EL Chiasamen
½ TL Zimt

Für das Blaubeerkompott
150 g gefrorene Blaubeeren
1 TL roher Honig (optional)
1 Prise Vanillepulver

Chiasamen sind längst kein unbekanntes Superfood mehr. Sie sind der ideale Eiweiß- und Omega-3-Lieferant und damit besonders morgens eine perfekte Wahl, um leistungsfähiger in den Tag zu starten. Purer Chia-Pudding ist allerdings etwas gewöhnungsbedürftig, weshalb er immer mit leckeren Toppings gegessen werden sollte. Mit Blaubeerkompott schmeckt er mir am besten – fast wie ein Dessert zum Frühstück.

- Alle Zutaten für den Chia-Pudding in einem Glas vermengen, gut verrühren und über Nacht in den Kühlschrank stellen.
- Am nächsten Morgen die Blaubeeren in einen kleinen Kochtopf geben und auf mittlerer Stufe erwärmen. Die Blaubeeren mit dem Kochlöffel etwas zerdrücken, sodass die Flüssigkeit austritt. Den Honig und das Vanillepulver unterrühren und mit dem Chiapudding servieren.

HIMMLISCH FÜR KÖRPER UND SEELE, WEIL …

… Chiasamen neben Leinsamen eines der nahrhaftesten Lebensmittel der Welt sind. Schon morgens »schmieren« sie unseren Körper mit wichtigen Omega-3-Fettsäuren. Omega-3-Fette schmieren tatsächlich unsere Gelenke, sind aber auch bei der Produktion von Hormonen, der Erneuerung der Zellen und für die Immunabwehr wichtig. Ebenfalls enthalten Chiasamen alle essentiellen Aminosäuren, weshalb sie eine wunderbare Proteinquelle sind.

ZWEI FABELHAFTE SMOOTHIE-BOWLS

Zubereitungszeit
5 Minuten

Für jeweils 1 Person

Für die Rote-Bete-Bowl
1 gefrorene Banane
150 g gefrorene Beeren
30 g geschälte Rote Bete
1 kleines Stück Ingwer
100 ml (glutenfreie) Hafermilch

**Für die Himbeer-
Protein-Bowl**
1 gefrorene Banane
150 g gefrorene Himbeeren
½ Avocado
2 EL Mandelmus (Rezept
S. 45)
2 EL Hanfsamen
100 ml Mandelmilch, mehr
nach Bedarf

Smoothie-Bowls sind super, um gleich morgens genug Makro- und Mikronährstoffe aufzunehmen. Mir ist besonders wichtig, dass meine Smoothie-Bowls nicht nur Früchte enthalten, sondern meinen Körper auch mit Wasser, Antioxidantien, gesunden Fetten und pflanzlichen Proteinen versorgen. Außerdem heben hübsch dekorierte Smoothie-Bowls gleich morgens die Stimmung!

- Alle Zutaten für die jeweilige Bowl in einen starken Mixer geben und fein pürieren. Ich mag meine Bowls lieber sehr cremig und dickflüssig. Wenn ihr das nicht so mögt, dann gebt noch etwas mehr Flüssigkeit dazu.
- Mit euren Lieblingstoppings wie Kokos-Chips, Hanfsamen, Mandelblättchen, Granola oder frischen Beeren dekorieren und sofort genießen.

HIMMLISCH FÜR KÖRPER UND SEELE, WEIL …

… Smoothie-Bowls nicht nur köstlich aussehen, sondern auch voller Nährstoffe stecken. Bei Smoothie-Bowls gilt: Das Auge isst mit. So wird der Appetit angeregt und Verdauungssäfte freigesetzt, die dabei helfen, die Nährstoffe besser aufnehmen zu können. Ebenfalls haben Studien gezeigt, dass Rote Bete besonders bei Bluthochdruck positive Wirkung haben kann. Dafür verantwortlich ist das in Rote Bete vorkommende Nitrat, das zur Erweiterung der Blutgefäße und somit zur Senkung des Blutdrucks beiträgt. Doch Rote Bete kann noch so viel mehr als nur den Blutdruck regulieren. Sie steckt voller Vitalstoffe wie Eisen, B-Vitaminen und Folsäure. Letztere ist besonders bei Frauen in der Schwangerschaft sehr wichtig.

FRÜHSTÜCKS-MÜSLI-RIEGEL

Zubereitungszeit
10 Minuten
Backzeit
25 Minuten

Für 9 Müsliriegel
Kokosöl zum Fetten der Form
190 g grobe (glutenfreie)
   Haferflocken
65 g Sonnenblumenkerne
35 g Hanfsamen
40 g Rosinen
2 sehr reife Bananen
2 EL Mandelmus (Rezept
   S. 45)
1 EL roher Honig
1 TL Zimt

Morgens lange und ausgiebig zu frühstücken – das ist während der Woche einfach nicht möglich. Diese Müsliriegel sind deswegen auf unser schnelles Leben eingestellt. Sie sind quasi eine Schüssel Porridge »auf die Hand« und enthalten alles, was man morgens braucht, um gut in den Tag zu starten. Am besten bereitet man sie am Sonntagabend vor, um die ganze Woche über versorgt zu sein. Die Zutaten können je nach Geschmack auch variiert werden: Kürbiskerne, geschrotete Leinsamen, gepufftes Pseudo-Getreide und verschiedene Gewürze können nach Belieben verwendet werden.

- Den Backofen auf 175 °C Umluft (195 °C Ober- und Unterhitze) vorheizen. Eine Backform mit Kokosöl einfetten oder mit Backpapier auslegen.
- Die Haferflocken mit den Sonnenblumenkernen, Hanfsamen und Rosinen in einer Rührschüssel gut vermengen.
- Die Bananen mit einer Gabel gut zerdrücken und mit dem Mandelmus, dem rohen Honig und dem Zimt weiter zu einer klebrigen Masse verarbeiten. Diese zu den trockenen Zutaten geben und alles gut vermengen, damit alle trockenen Zutaten mit dem klebrigen Mix bedeckt sind.
- Alles in die Backform füllen und mit einem Spatel zu einer 1,5–2 cm dicken Schicht glatt streichen.
- Die Müsliriegel ca. 20–25 Minuten backen, bis die äußeren Ränder braun werden. Die Backform aus dem Ofen nehmen und komplett abkühlen lassen. Mit einem scharfen Messer ca. 9–12 Riegel herausschneiden.

HIMMLISCH FÜR KÖRPER UND SEELE, WEIL …

… die Frühstücksriegel voll von Ballaststoffen und pflanzlichem Protein sind. Hanfsamen haben ein besonders gutes Aminosäuren-Profil, da sie alle essentiellen Aminosäuren enthalten und zu etwa 20 % aus Proteinen bestehen. Ebenfalls enthalten Hanfsamen das ideale 3:1 Verhältnis von Omega-3- und Omega-6-Fettsäuren. In der heutigen Ernährung beträgt das Verhältnis häufig entzündungsfördernde 20:1. Zudem sind Hanfsamen eine gute Quelle für Magnesium, Eisen und die Vitamine B2, D sowie E.

HIRSE-KARDAMOM-PORRIDGE MIT WARMEN ÄPFELN

Zubereitungszeit
5 Minuten
Kochzeit
15 Minuten

Für 2 Personen
100 g Hirse, am besten über
    Nacht eingeweicht
250 ml (glutenfreie) Hafer-
    milch
1 Handvoll Mandeln
1 Apfel
1 TL Kokosöl oder Ghee
2 Prisen Kardamom
1 TL Zimt

Bei der Frühstückszubereitung während der Woche bin ich eher langweilig. Meistens gibt es eine meiner Porridge-Variationen oder Overnight Oats (S. 54). Am Wochenende mag ich aber auch etwas Abwechslung und bereite gerne dieses Hirse-Kardamom-Porridge zu. Die Hirse weiche ich dafür am Abend zuvor ein, damit sie besser bekömmlich und am nächsten Morgen schneller gar ist. Verfeinert mit Kardamom, Zimt und warmen Äpfeln ist es das perfekte Wochenend-Frühstück für die Herbst- und Wintermonate.

- Die Hirse komplett mit Wasser bedecken und über Nacht einweichen. Alternativ für eine Stunde einweichen oder, wenn es schnell gehen muss, gut mit heißem Wasser abspülen.
- Am nächsten Morgen die Hirse abtropfen lassen und mit der Hafermilch aufkochen. Die Hitze reduzieren und die Hirse ca. 10 Minuten köcheln lassen. Die Mandeln grob hacken.
- Den Apfel entkernen und in Scheiben schneiden. 1 TL Kokosöl oder Ghee in einer Pfanne erhitzen und die Apfelscheiben goldbraun dünsten. Mit einer Prise Kardamom und ½ TL Zimt bestäuben und vom Herd nehmen.
- Die Hirse vom Herd nehmen, eine Prise Kardamom und ½ TL Zimt unterrühren und weitere 5 Minuten bei geschlossenem Deckel quellen lassen. Sollte die Hirse sehr trocken sein, noch etwas Hafermilch hinzugeben.
- Das Hirseporridge mit den warmen Äpfeln und gehackten Mandeln servieren und warm genießen.

HIMMLISCH FÜR KÖRPER UND SEELE, WEIL …

… warmer Hirsebrei mit warmem Obst sehr gut verdaulich ist. Hirse ist eine gute Eisenquelle, da 100 g Hirse bereits mehr als 20 % der empfohlenen Tagesmenge an Eisen abdecken. Das Porridge am besten mit einer Tasse warmen Wassers mit einem Spritzer Zitronensaft genießen, denn das darin enthaltene Vitamin C steigert die Aufnahme von Eisen im Körper.

SMOOTHIES, SÄFTE UND GETRÄNKE

Selbst gemachte Smoothies und Säfte sind der ideale Weg, um sich schnell mit Nährstoffen, Antioxidantien und Energie zu versorgen. Wegen ihres hohen Fruchtzuckergehaltes werden Smoothies aber immer wieder kritisiert. Ich mache mir deshalb meine Smoothies so gut wie immer selbst, damit ich weiß, was drin ist. Allerdings habe ich erst überlegt, dieses Kapitel komplett wegzulassen, weil ich unsicher war, ob solch ein Kapitel euch Lesern Mehrwert bietet. Doch dann fand ich ein Foto von mir mit meinem allerersten Smoothie in der Hand in unserer Wohnung in North Carolina. Ich ging sofort in die Küche und machte meinen Glowing Skin Smoothie (S. 78). Eine Woche lang trank ich jeden Morgen ein großes Glas, und ich merkte, wie sich meine Haut verbesserte. Das war der Moment, in dem ich entschied, dass ich natürlich ein Kapitel mit meinen liebsten Smoothies, Säften und Getränken schreiben werde. Denn gerade grüne Smoothies sind der beste Weg, täglich ausreichend grünes Gemüse zu sich zu nehmen. Auch Säfte sind der ideale Wachmacher (S. 82), hydrieren den Körper und enthalten wertvolle Vitamine und Mineralstoffe.

Außerdem gibt's in diesem Kapitel alle meine Lieblingsdrinks, Kaffee-Alternativen und Ingwer-Kurkuma-Shots – letztere werden alle Zellen in eurem Körper zusammenziehen. Nobody said it was easy – ha! Keine Sorge, die Shots sind das einzige Rezept in diesem Buch, das wirklich wie Medizin schmeckt. Danach gibt's so tolle Dinge wie die entzündungshemmende Goldene Milch (S. 92), das Golden-Power-Elixier (S. 82) oder den Wochenende-Rote-Bete-Saft (S. 82), die allesamt himmlisch schmecken.

GLOWING SKIN SMOOTHIE

Zubereitungszeit
5 Minuten

Für 1 Person
1 Handvoll Grünkohl oder
  Babyspinat (ca. 15 g)
1 EL Mandelmus (Rezept S. 45)
½ Banane, am besten gefroren
½ Gurke
½ Avocado
1 cm Ingwer
Saft einer halben Zitrone
200 ml Kokoswasser

Dies ist der Smoothie, mit dem alles begann. Als ich mir exakt diesen Smoothie täglich in meiner kleinen Studentenbude in North Carolina zubereitet habe, war mir natürlich noch nicht klar, dass er besonders gut für meine Haut ist. Für mich zählte damals einzig und allein der Geschmack und der ist wirklich traumhaft! Ich liebe die leichte Schärfe des Ingwers, die cremige Konsistenz dank Banane, Avocado und Mandelmus und die satte grüne Farbe. Ich habe diesem Smoothie sehr viel zu verdanken – besonders meine Leidenschaft für Gesundheit und gesunde Rezepte.

- Die Grünkohlblätter vom Stängel entfernen und mit den anderen Zutaten in einen starken Mixer geben und fein pürieren. Sofort trinken.

HIMMLISCH FÜR KÖRPER UND SEELE, WEIL …

… für strahlende Haut nichts besser als genügend Flüssigkeit ist. Für mich ist Gurke die wichtigste Zutat in so gut wie jedem Smoothie. Sie besteht zum größten Teil aus Wasser, enthält Enzyme und Antioxidantien, die unsere Haut weich machen und vor Falten schützen. Kombiniert mit den Vitaminen aus dem Grünkohl bringt dieser Smoothie die Haut zum Strahlen. Vitamin C und E unterstützen die Collagen-Produktion und Vitamin A fördert die Zellregeneration. Wollt ihr mehr? Die ungesättigten Fettsäuren der Avocado unterstützen die Aufnahme der fettlöslichen Vitamine (A, D, E und K), sie wirken entzündungshemmend und schützen nebenbei noch unser Herz.

ANTIOXIDANTIEN-SMOOTHIE

Zubereitungszeit
5 Minuten

Für 1 Personen
100 g frische oder gefrorene
   Beeren, z.B. Blaubeeren,
   Himbeeren, Brombeeren
½ Banane
150 ml Mandelmilch
ca. 5 Blätter Minze
1 EL Mandelmus (Rezept S.45)

Medizin wächst nicht auf Bäumen? Das vielleicht nicht, aber an Sträuchern auf jeden Fall. Manchmal auch in dornengeschützten Hecken, wie damals bei meinen Großeltern im Garten. Um an die Brombeeren heranzukommen, musste man den einen oder anderen Kratzer in Kauf nehmen. Zu Recht, denn Beeren sind so wertvoll, dass man sie sich schon irgendwie verdienen muss. Gerade Blaubeeren zählen zu den Lebensmitteln mit der höchsten Anzahl an Antioxidantien. Beeren-Smoothies sind die perfekten Einsteigersmoothies, weil sie fast wie ein süßer Nachtisch schmecken. Durch die Minze schmeckt dieser Smoothie aber besonders sommerlich erfrischend.

- Alle Zutaten in einem starken Mixer fein pürieren und am besten sofort trinken.

HIMMLISCH FÜR KÖRPER UND SEELE, WEIL ...

... Beeren die besten heimischen Superfoods sind. Sie sind reich an Antioxidantien wie Vitamin C und an Vitalstoffen wie Kalium, Magnesium oder Calcium. Darüber hinaus enthalten Beeren die wasserlöslichen Pflanzenfarbstoffe Anthocyane, die für die dunkle blaue Farbe von Blaubeeren und Brombeeren verantwortlich sind. Anthocyane sollen laut diverser Studien positive Wirkungen auf unsere Blutgefäße haben und somit unser Herz-Kreislauf-System schützen. Alle Vorteile von Beeren hier aufzuschreiben, ist fast nicht möglich. Merkt euch einfach, dass Beeren entzündungshemmend, blutdrucksenkend, antioxidativ und abwehrstärkend sind.

DREI HIMMLISCHE SÄFTE

Ich liebe Säfte, doch mache ich sie mir meistens nur am Wochenende, da ich zu faul bin, den Entsafter sauber zu machen. Damit bin ich sicherlich nicht alleine, oder? Für mich gibt es an einem Samstagmorgen jedoch nichts Besseres als unseren Wochenende-Rote-Bete-Saft zu meinem cremigen Kokos-Porridge (S. 66) zu genießen. So startet man gleich gesund und gut genährt ins Wochenende! Der grüne Wachmacher ist eher etwas für Menschen, die regelmäßig grüne Säfte trinken. Wenn er euch zu grün ist, dann gebt gerne noch einen Apfel dazu. Das Golden-Power-Elixier ist ein schönerer Name für einen Karotten-Ingwer-Zitronensaft und schmeckt besonders im Sommer herrlich erfrischend.

Zubereitungszeit
5 Minuten

Für jeweils 2 Personen

Wochenende-Rote-Bete-Saft

1 Orange
1 Bio-Limette
4 Karotten
2 kleine Rote-Bete-Knollen
½ Gurke
2 Äpfel

- Die Orange auspressen. Die Limette mit der Schale vierteln. Alle Zutaten mit Ausnahme der Orange im Entsafter entsaften und anschließend mit dem Saft der Orange vermengen.

Grüner-Wachmacher-Saft

80 g Spinat
2 Stängel Petersilie
2 Stängel Minze
½ Gurke
1 Apfel
1 Bio-Limette
½ Fenchel

- Zuerst den Spinat, die Petersilie und die Minze mit der Gurke und dem Apfel entsaften. Danach die Limette mit Schale vierteln und zusammen mit dem Fenchel entsaften. Alles zusammen genießen.

Golden-Power-Elixier

1 Zitrone
1 Orange
4 Karotten
2 Äpfel
20 g Ingwer
10 g Kurkuma

- Die Zitrone und Orange getrennt auspressen. Die anderen Zutaten durch den Entsafter geben und mit dem Saft der Zitrone und der Orange vermengen.

ZWEI GUTEN-MORGEN-DRINKS

Aufstehen, Wachmacherglas trinken, Kaffeemaschine anschalten. So beginnen viele meiner Tage. Doch habe ich gemerkt, dass es mir gar nicht so sehr um den Kaffee morgens geht, sondern um die kleine Ruhe vor dem Sturm, um Zeit für mich. Ich brauche morgens etwas Warmes in der Hand und das muss gar kein Kaffee sein. Diese beiden Getränke sind dafür ideal. Der Apfelessig-Tonic kurbelt gleich morgens die Verdauung an und der Orangen-Ingwer-Kurkuma-Tee bekämpft Krankheitserreger und stärkt das Immunsystem. Allerdings muss man sich an den Geschmack von Apfelessig am Morgen erst einmal gewöhnen. Wer skeptisch ist, versucht sich lieber zuerst an dem Immunity Tea: süßer Orangensaft, feuriger Ingwer und wärmendes Kurkuma – so fängt der Tag gleich gut an!

Zubereitungszeit
5 Minuten

Für jeweils 2 Personen

Verdauungsfördernder Apfelessig-Tonic

500 ml warmes Wasser
Saft einer Zitrone
1 EL Apfelessig
1 TL roher Honig

- Alle Zutaten vermengen und direkt nach dem Aufstehen auf nüchternen Magen trinken. Ganz Harte verzichten sogar komplett auf den Honig ...

Immunity Tea

500 ml heißes Wasser
Saft einer Orange
2 Ingwerscheiben
2 Kurkumascheiben

- Ingwer und Kurkuma mit dem heißen Wasser übergießen und mit dem Orangensaft vermengen. Sofort genießen.

HIMMLISCH FÜR KÖRPER UND SEELE, WEIL ...

... Apfelessig entzündungshemmend, antibakteriell und antiseptisch wirkt. Er fördert ebenfalls die Fettverbrennung und sorgt für reine Haut. Außerdem reguliert er den Säuren-Basen-Haushalt und kurbelt die Verdauung an. Wenn man Apfelessig gleich regelmäßig morgens trinkt, soll er sogar Heißhungerattacken vorbeugen. Na dann: Prost!

INGWER-KURKUMA-SHOTS

Zubereitungszeit
10 Minuten

Für ca. 10 Shots
40 g frischer Ingwer
45 g frisches Kurkuma
Saft von 6 Bio-Zitronen
Saft einer Bio-Orange
1 Prise Pfeffer

Aus dem Weg, Ingwertee! Du hattest deine Zeit. Heute trinkt man bei Erkältung und auch zur Vorbeugung Shots. Und die haben es so richtig in sich. Sie werden euch auf ulkige Art und Weise erschaudern lassen. Denn in ihnen steckt die geballte Ladung an antibakteriellen und entzündungshemmenden Wirkstoffen. Es ist quasi »Ingwer-Tee on Steroids«. Wuhaaa. Ein echter Gute-Laune-Drink.

- Ingwer und Kurkuma in einem Entsafter auspressen. Die Zitronen und die Orangen mit der Hand auspressen. Alles mit einer guten Prise schwarzen Pfeffers vermengen und in eine sterilisierte Glasflasche abfüllen. Jeden Morgen einen Shot trinken.

HIMMLISCH FÜR KÖRPER UND SEELE, WEIL …

… diese Ingwer-Kurkuma-Shots so gut wie alles enthalten, was bei einer sich anbahnenden Erkältung helfen könnte. Doch auch sonst finden sie bei uns Anwendung. Gerade, weil sie gleich morgens gute Laune machen. In der chinesischen Medizin wird Ingwer übrigens als Heilmittel bei Bluthochdruck angewendet. In der westlichen Medizin wird dies allerdings kritisch hinterfragt. Ich esse und trinke Ingwer ohne Bedenken, jedoch sollte im Zweifelsfall ein Arzt konsultiert werden.
Achtung, Kurkuma färbt Küchengeräte, Finger, Schneidebretter und Zahnbürsten. Was es allerdings nicht färbt, sind Zähne. Im Gegenteil, Kurkuma macht die Zähne sogar weißer.

KURKUMA-MILCHSHAKE

Zubereitungszeit
5 Minuten

Für 1 Person
1 gefrorene Banane
1 Fl Mandelmus (Rezept S. 45)
150 ml glutenfreie Hafer- oder
  Mandelmilch
2 cm frische Kurkumawurzel
½ TL Zimt
1 TL geschrotete Leinsamen
¼ TL schwarzer Pfeffer

Dieser Kurkuma-Milchshake schmeckt wirklich alles andere als gesund. Er ist so cremig, ein wenig dekadent und sättigend, steckt aber voller Nährstoffe. Gerade am Nachmittag, wenn einen das Mittagstief erreicht, weckt er neue Energien und stillt den Jieper nach Süßigkeiten.

- Die gefrorene Banane ca. 5 Minuten antauen lassen, damit der Mixer sie besser pürieren kann. Die Banane mit den anderen Zutaten in einen starken Mixer geben und fein pürieren. Sofort genießen.

KÜCHENTIPP

Ich verwende für dieses Rezept am liebsten die frische Kurkumawurzel, weil sie dem Milchshake einen besonders aromatischen und einzigartigen Geschmack verleiht. Wer keine frische Kurkumawurzel findet, der kann auch 1 TL Kurkumapulver verwenden.

WÜRZIGER CHAI

Zubereitungszeit
5 Minuten
Kochzeit
15 Minuten

Für 2 Personen
1 Zimtstange, alternativ
   1 TL Zimtpulver
2 ganze grüne
   Kardamom-Kapseln
1 TL Fenchelsamen
2 Nelken
2 dünne Ingwerscheiben
180 ml Wasser
180 ml (glutenfreie) Hafermilch
1 TL loser schwarzer Tee
   (optional)
1 TL roher Honig (optional)

Chai selber machen? Wieso nicht einfach einen Beutel Chai-Tee kaufen? Kann man natürlich, aber Selbermachen macht doch so viel mehr Spaß. Außerdem bekommt man dadurch ein Gefühl für Gewürze und ihre Aromen. Chai steht für mich für Gemütlichkeit, Gelassenheit und Gesundheit. Jedem der Gewürze werden im Ayurveda heilende Wirkungen zugesagt. Mir ist aber genauso wichtig, dass er gut schmeckt und mir etwas Zeit für mich gibt. Das folgende Rezept ist zwar etwas aufwendiger, aber der Aufwand wird belohnt.

- Den Backofen auf 180 °C Umluft (200 °C Ober- und Unterhitze) vorheizen. Zimtstange, Kardamom-Kapseln, Fenchelsamen und Nelken in eine Backform geben und ca. 5–10 Minuten rösten, damit sich ihr Aroma entfaltet.
- Die Gewürze herausnehmen, die Kardamom-Kapseln aufmachen und die kleinen Samen herausnehmen. Die Samen mit den anderen Gewürzen, dem Ingwer und dem Wasser in einem kleinen Kochtopf aufkochen und ca. 5 Minuten bei mittlerer Hitze köcheln lassen.
- Nun die Milch und den schwarzen Tee hinzugeben und eine weitere Minute zusammen köcheln lassen.
- Den Topf vom Herd nehmen und noch 2–3 Minuten ziehen lassen, je nachdem, wie stark ihr den Tee haben wollt.
- Den Tee durch ein Sieb geben und nach Geschmack mit Honig süßen.

HIMMLISCH FÜR KÖRPER UND SEELE, WEIL …

… die Gewürze im Chai laut ayurvedischer Heilkunde von großem gesundheitlichen Nutzen sind. Kardamom wirkt verdauungsfördernd und beruhigt den Magen. Ingwer wirkt antibakteriell, macht Appetit und heizt ebenfalls das Verdauungsfeuer an. Fenchelsamen helfen gegen Krämpfe und Blähungen. Nelken sind reich an Antioxidantien und wirken entzündungshemmend. Zimt fördert die Durchblutung und macht gute Laune.

ENTZÜNDUNGS-HEMMENDE GOLDENE MILCH

Zubereitungszeit
5 Minuten

Für 2 Personen
500 ml ungesüße (gluten-
    freie) Hafermilch oder
    Mandelmilch
1 TL Kurkuma
1 TL roher Honig oder Reis-
    sirup (optional)
1 Zimtstange oder ½ TL Zimt
1 Prise Kardamom
¼ TL Ingwerpulver oder
    ½ TL frisch gehackter Ingwer
1 Prise schwarzer Pfeffer

Diese Goldene Milch (oder auch Kurkuma-Latte genannt) ist eines der beliebtesten Rezepte auf dem Blog. Zu Recht, denn es ist eines der einfachsten und gesündesten Rezepte überhaupt. Der Hype um Kurkuma ist nicht unberechtigt, denn das wärmende Gewürz ist in der ayurvedischen Küche fest etabliert und nicht mehr wegzudenken. Das liegt vor allem an den entzündungshemmenden Eigenschaften von Kurkuma bzw. dem Bestandteil Curcumin, der Kurkuma seine satte, gelbe Farbe verleiht. Die entzündungshemmenden Eigenschaften sind bereits in vielen wissenschaftlich Studien getestet worden und zeigen: Kurkuma ist ein Wundermittel. Am besten schmeckt diese Goldene Milch am Abend, eingekuschelt in eure Lieblingsdecke.

- Die Hafer- oder Mandelmilch in einen kleinen Topf geben und bei niedriger Hitze ca. 2–3 Minuten erhitzen. Sie sollte warm sein, aber nicht kochen.
- Kurkuma, rohen Honig oder Reissirup, Zimt, Kardamom, Ingwer und Pfeffer hinzugeben und gut umrühren.
- Die warme Milch durch ein feines Sieb gießen und mit einem Milchaufschäumer kurz aufschäumen.
- Sofort genießen oder abkühlen lassen und mit Eiswürfeln kalt servieren.

HIMMLISCH FÜR KÖRPER UND SEELE, WEIL …

… Kurkuma eine enorme entzündungshemmende Wirkung hat und besonders viele Antioxidantien enthält. Es sollte immer in Kombination mit einer Prise Pfeffer eingenommen werden, da Pfeffer den Wirkstoff Piperin enthält. Dieser verstärkt den gesundheitlichen Nutzen von Kurkuma deutlich. In Kombination mit schwarzem Pfeffer kann der Körper die Nährstoffe von Kurkuma somit besser aufnehmen.

SCHNELLE ALLTAGSREZEPTE

Gerade während der Woche greift man abends schnell zu Brot. So haben wir es gelernt, und es macht ja irgendwie auch total Sinn. Belegte Brote brauchen weder Vorbereitung noch sind sie teuer. Auch bei uns gibt es häufig das typisch deutsche Abendbrot und ich zelebriere diese deutsche Tradition immer noch sehr gerne. Allerdings freut sich der Körper auch während der Woche über warme Mahlzeiten mit viel Gemüse, pflanzlichen Proteinen und Ballaststoffen. Es ist wirklich eine Krux, denn zum einen hat man im Alltag besonders wenig Zeit zum Kochen und zum anderen benötigt der Körper gerade dann eine extra Portion Nährstoffe.

Ich habe die Rezepte in diesem Kapitel mit dem Hintergedanken entwickelt, dass es besonders während der Woche gut tut, ein wärmendes, nährendes und energiespendendes Gericht zu essen, besonders nach einem stressigen Arbeitstag. Natürlich brauchen auch schnelle Gerichte etwas Planung. Aber schon bald werdet ihr merken, wie viel besser ihr euch unter der Woche fühlen werdet, wenn ihr täglich ein wenig Zeit fürs Kochen aufwendet. Mit Absicht basieren viele der Gerichte auf Quinoa, denn das Pseudo-Getreide braucht weniger als 15 Minuten, um gar zu sein. Noch schneller seid ihr abends natürlich, wenn ihr am Sonntag eine große Portion Quinoa oder Hirse vorkocht. Überhaupt ist Vorkochen der Schlüssel zur gesunden Ernährung während einer stressigen Arbeitswoche. Macht sonntags einen Plan mit den Lieblingsrezepten und schaut, was davon vorgekocht werden kann und was frisch eingekauft werden muss. Mit vorgekochtem Quinoa oder vorgekochter Hirse könnt ihr den »Get-the-Glow«-Salat (S. 101), die Freestyle-Schwäbische-Bowl (S. 131) oder meinen Liebling, die (Fast) deutsche Frühlings-Bowl (S. 128), in unter 30 Minuten zubereiten. Auch Suppen sind das perfekte Abendessen im Alltag, weil man das Gemüse nur im Ofen rösten und anschließend pürieren muss. Einfacher geht's gar nicht. Mein absoluter Liebling ist und bleibt aber das gesunde Pad Thai, das ich für dieses Kapitel noch einmal vereinfacht habe. Ich könnte es jeden Tag essen und ich bin mir sicher, dass es auch bei euch permanent in der Küche einziehen wird.

GRÜNKOHL-TABOULÉ

Zubereitungszeit
20 Minuten
Kochzeit
15 Minuten

Für 4 Personen

Für das Taboulé
100 g Quinoa
1 Schuss Apfelessig
300 ml Wasser
100 g Grünkohl
2 EL natives, kalt gepresstes
    Olivenöl
300 g Tomaten
2 Bund glatte Petersilie
    (ca. 50 g)
2 Bund Minze (ca. 30 g)
60 g Granatapfelkerne

Für das Dressing
2 EL natives, kalt gepresstes
    Olivenöl
4 EL frisch gepresster
    Zitronensaft
Abrieb einer halben Bio-
    Zitrone
2 TL roher Honig
1 TL gemahlener Kreuz-
    kümmel
Meersalz und schwarzer
    Pfeffer nach Belieben

An der libanesischen und syrischen Küche liebe ich besonders die aromatischen Salate, an denen ich mich ohne Probleme satt-essen kann. Auch der großzügige Einsatz von Kräutern definiert die persische Küche. Während Deutsche das Petersilienblatt häufig als Dekoration abstreifen, wird die Petersilie im Taboulé bundweise gegessen und zelebriert. Um ein Stück Heimat ins Taboulé zu holen, habe ich einen Großteil der Petersilie durch Grünkohl ersetzt, der, mit dem Dressing mariniert, einfach himmlisch schmeckt. Sollte gerade keine Grünkohlzeit sein, dann ersetzt den Grünkohl einfach durch mehr Petersilie.

- Das Quinoa gründlich waschen und mit einem Schuss Apfel-essig und 300 ml Wasser in einem Kochtopf bei hoher Hitze aufkochen. Die Hitze reduzieren und ca. 12–15 Minuten köcheln lassen, bis das Wasser komplett verdampft ist. Das Quinoa mit einer Gabel etwas auflockern und zur Seite stellen.
- Den Grünkohl vom Strunk entfernen, in dünne Streifen schnei-den und mit 2 EL Olivenöl in eine große Schüssel geben. Den Grünkohl mit den Händen ca. 5 Minuten lang massieren, damit er weich wird.
- Die Tomaten fein würfeln. Die Petersilie und die Minze grob hacken und mit den Tomaten, dem Grünkohl und dem Quinoa vermengen.
- Das Dressing in einer kleinen Schüssel anrühren und über dem Salat verteilen. Mit den Granatapfelkernen garnieren und frisch servieren.

HIMMLISCH FÜR KÖRPER UND SEELE, WEIL …

… Grünkohl ein wahrer Superheld ist. Das grüne Wintergemüse ist eine der nährstoffreichs-ten Gemüsesorten der Welt. Grünkohl enthält besonders viel Vitamin K, das für gesunde Knochen und gesunde Blutgefäße sorgt. Ebenfalls ist er ein exzellenter Lieferant von Vita-min C und A, da bereits 100 g den täglichen Bedarf beider Vitamine decken. Auch Calcium, Kalium und Eisen sind in großen Mengen in Grünkohl zu finden.

BITTERER WINTERSALAT

Zubereitungszeit
10 Minuten
Backzeit
35 Minuten

Für 4 Personen

Für den Salat
1 Dose Kichererbsen (400 g)
½ TL Paprikapulver
Meersalz nach Geschmack
1 Radicchio (ca. 140 g)
2 Chicorée
100 g Rucola
2 Birnen

Für das Birnen-Senf-Dressing
1 kleine reife Birne, alternativ
  1 EL roher Honig
4 EL natives, kalt gepresstes
  Olivenöl
2 EL Apfelessig
1 TL Dijon-Senf
1 Knoblauchzehe
½ TL Meersalz

Ich kann mir denken, dass viele bei dem Titel »Bitter Wintersalat« gleich weiterblättern. Aber, halt! Stopp! Bitte unbedingt weiterlesen. Bitterstoffe wurden aus unserer Ernährung nämlich so gut wie verbannt. Da der Geschmack von Süßem schon früh in uns als Belohnung konditioniert wird, ist die Geschmacksrichtung Bitter für viele fast eine Bestrafung. Schade, denn Bitterstoffe sind wichtig für einen funktionierenden Magen und somit ein wichtiger Bestandteil einer gesunden Verdauung. Dieser Wintersalat mit den bitteren Salatsorten Chicorée, Radicchio und Rucola ist somit eine wahre Wohltat für den Magen. Die knackigen Kichererbsen und die Süße der Birne und des Dressings gleichen den bitteren Geschmack aber perfekt aus.

- Den Backofen auf 180 °C Umluft (200 °C Ober- und Unterhitze) vorheizen.
- Die Kichererbsen abtropfen lassen und mit dem Paprikapulver und etwas Meersalz vermengen. Auf ein Backblech mit Backpapier geben und ca. 30–40 Minuten goldbraun rösten.
- Die Salatsorten gründlich waschen und trocknen. Die Birnen entkernen und in Scheiben schneiden. Chicorée und Radicchio in mundgerechte Stücke schneiden.
- In der Zwischenzeit die Birne für das Dressing schälen und entkernen. Alle Zutaten für das Dressing in einen Mixer oder einen Food Processor geben und fein pürieren. Alternativ kann auch ein Pürierstab verwendet werden.
- Den Salat auf einer Platte oder in einer Schüssel anrichten und mit dem Dressing und den gerösteten Kichererbsen garnieren.

HIMMLISCH FÜR KÖRPER UND SEELE, WEIL …

… Bitterstoffe für den Verdauungsprozess unheimlich förderlich sind. In dem Moment, in dem unsere Zunge mit bitteren Lebensmitteln wie Chicorée in Kontakt kommt, werden wichtige Verdauungssäfte und -enzyme freigesetzt. Diese wiederum fördern die optimale Aufnahme von Nährstoffen und die Entgiftungsfunktion der Leber. Auch bei Zuckersucht sind bittere Lebensmittel sehr hilfreich, da sie die Lust auf Süßes reduzieren können.

»GET-THE-GLOW«-SALAT

Zubereitungszeit
15 Minuten
Back- und Kochzeit
35 Minuten

Für 4–6 Personen

Für den Salat
1 Brokkoli (ca. 500 g), z.B.
    Sprossenbrokkoli
1 kleiner Butternut-Kürbis
    (ca. 500 g) oder Süß-
    kartoffeln
1 EL natives, kalt gepresstes
    Olivenöl
Meersalz und Pfeffer
200 g Quinoa
1 TL Apfelessig
600 ml Wasser
1 Glas oder Dose Kichererbsen
    (400 g)
1 kleines Bund glatte Petersilie

Für das Dressing
2 EL Ganzkorn-Senf ohne
    Zusätze
1 TL Kurkuma
½ TL Ingwer
4 EL natives, kalt gepresstes
    Olivenöl
1 TL roher Honig (oder
    Ahornsirup)
Saft und Abrieb einer ½ Bio-
    Zitrone

Gerade, wenn die Tage kürzer werden und unsere Haut farblos wirkt, brauchen wir extra Unterstützung aus dem Bereich der Beauty-Foods. Butternut-Kürbis, Brokkoli, Kichererbsen und Quinoa kommen da gerade recht. Das Dressing mit Kurkuma und Apfelessig wirkt entzündungshemmend und unterstützt nebenbei unsere Darmgesundheit. Da ein gesunder Darm besonders wichtig für strahlende Haut ist, trägt dieser Salat nicht umsonst den Titel „Get the Glow". Natürlich spielen viele weitere Faktoren eine Rolle, wenn es um unsere Haut geht, doch Ernährung kann bereits sehr viel bewirken. Also: Iss dich schön!

- Den Backofen auf 180 °C Umluft (200 °C Ober- und Unterhitze) vorheizen. Den Brokkoli waschen und in mundgerechte Stücke schneiden. Den Butternut-Kürbis schälen und klein würfeln. Den Kürbis auf ein mit Backpapier ausgelegtes Backblech legen und mit etwas Olivenöl, Meersalz und Pfeffer würzen und 30 Minuten rösten.
- Den Brokkoli ca. 10–12 Minuten dampfgaren.
- Das Quinoa gründlich waschen und mit einem Schuss Apfelessig und 600 ml Wasser in einem Kochtopf bei hoher Hitze aufkochen. Die Hitze reduzieren und ca. 12–15 Minuten köcheln lassen, bis das Wasser komplett verdampft ist. Das Quinoa mit einer Gabel etwas auflockern und zur Seite stellen.
- Die Kichererbsen abtropfen lassen. Die Petersilie fein hacken.
- Für das Dressing alle Zutaten vermengen und mit dem Quinoa, dem Gemüse, den Kichererbsen und der Petersilie vermengen und mit etwas Zitronenschale dekorieren.

HIMMLISCH FÜR KÖRPER UND SEELE, WEIL …

… Butternut-Kürbis ein wahrer Beauty-Booster ist. Das enthaltene Beta-Carotin heilt und beruhigt die Haut und vermindert deren Sensibilität. Unterstützt wird der Butternut-Kürbis von Brokkoli, der nicht nur laut klinischer Studien das Wachstum von Krebszellen schwächen soll, sondern auch ein super collagenaufbauendes Gemüse ist.

VON MARRAKESCH INSPIRIERTER SPINAT-SALAT

Zubereitungszeit
10 Minuten
Kochzeit
15 Minuten

Für 4 Personen

Für den Salat
200 g Quinoa
1 Schuss Apfelessig
600 ml Wasser
100 g Datteln
2 Mandarinen oder 1 Orange
125 g Baby-Spinat
60 g ungesalzene Pistazien

Für das Dattel-
  Orangen-Dressing
2 weiche Datteln
2 EL natives, kalt gepresstes
  Olivenöl
1 EL Apfelessig
2 EL frischer Orangensaft
1 daumengroßes Stück Ingwer
1 EL Dijon-Senf (ohne Zuckerzusatz)
½ TL Kreuzkümmel
Meersalz und Pfeffer nach
  Geschmack

Wer einmal Marrakesch und seine Medina besucht hat, der wird sich sicher in das gute Essen dort verliebt haben. Marrakesch ist eine polarisierende Stadt, die im ersten Moment überwältigend scheint. Je mehr man aber eintaucht in die süßen, kleinen Riads, die verwirrenden Souks und wunderschönen Gärten, desto mehr lernt man den Zauber von Marrakesch schätzen. Die marokkanische Küche ist besonders geprägt von ihren Gewürzen, Kräutern, süßen Datteln und frisch gepressten Orangensäften. All dies habe ich in diesem Salat miteinander vereint.

- Das Quinoa gründlich waschen und mit einem Schuss Apfelessig und 600 ml Wasser in einem Kochtopf bei hoher Hitze aufkochen. Die Hitze reduzieren und ca. 12–15 Minuten köcheln lassen, bis das Wasser komplett verdampft ist. Das Quinoa mit einer Gabel etwas auflockern und zur Seite stellen.
- Die Datteln entkernen und würfeln. Die Mandarinen oder Orange schälen und in mundgerechte Stücke schneiden.
- Für das Dressing die Datteln ca. 10 Minuten in warmem Wasser einweichen. Das Wasser weggießen und die Datteln mit den restlichen Zutaten in einem Food Processor oder Mixer pürieren.
- Das Quinoa mit den Datteln, dem Baby-Spinat, den Pistazien und den Mandarinen oder Orangen in eine Schüssel geben und mit dem Dressing vermengen.

HIMMLISCH FÜR KÖRPER UND SEELE, WEIL …

… Datteln nicht nur wie natürliches Karamell schmecken, sondern auch reich an Vitalstoffen sind. Sie enthalten neben Kalium, Magnesium, Mangan und Kupfer auch Vitamin B und Ballaststoffe. Allerdings sollte man sie in Maßen genießen, da sie einen hohen Gehalt an Fruchtzucker besitzen: Sie werden nicht ohne Grund »Nature's Candy« genannt.

FENCHEL-BLUMENKOHL-SALAT

Vorbereitungszeit
10 Minuten
Backzeit
ca. 25 Minuten

Für 2–4 Personen
400 g Blumenkohl
300 g Fenchel
5 EL natives, kalt gepresstes
   Olivenöl
Meersalz und schwarzer
   Pfeffer nach Geschmack
2 EL Apfelessig
1 TL gemahlener Koriander
½ TL Zimt
1 TL Ahornsirup
25 g Pinienkerne
½ Bund glatte Petersilie

Fenchel stand früher ganz oben auf meiner »Esse-ich-nicht«-Liste. Zu sehr erinnerte mich Fencheltee an Husten und Erkältungen. Doch in den letzten Jahren habe ich mich mehr und mehr in das Gemüse verliebt. Fenchel hat einen ganz besonderen Geschmack, der durch Rösten prima zur Geltung kommt. Diese etwas orientalische Zubereitung des Fenchels mit Zimt und Koriander ist wunderbar wärmend und wird durch die Pinienkerne und frische Petersilie perfekt abgerundet.

- Den Backofen auf 180 °C Umluft (200 °C Ober- und Unterhitze) vorheizen.
- Den Blumenkohl in Röschen zerteilen. Den Fenchel halbieren, die grünen Blätter entfernen und die Knolle in mundgerechte Stücke schneiden. Blumenkohl und Fenchel mit 2 EL Olivenöl, etwas Meersalz und schwarzem Pfeffer vermengen und auf einem Backblech im Ofen ca. 25–30 Minuten goldbraun rösten.
- Aus den restlichen 3 EL Olivenöl, dem Apfelessig, Koriander, Zimt und Ahornsirup ein Dressing mischen.
- Die Pinienkerne in einer Pfanne ohne Öl auf mittlerer Stufe rösten. Dabei ständig mit einem Holzlöffel wenden, damit die Pinienkerne nicht anbrennen. Die Petersilie grob hacken.
- Das geröstete Gemüse mit den Pinienkernen, der Petersilie und dem Dressing gut vermischen und mit Meersalz und Pfeffer abschmecken.

HIMMLISCH FÜR KÖRPER UND SEELE, WEIL …

… Fenchel zu 80 Prozent aus Wasser besteht und somit gut zum Tipp »Iss dein Wasser« passt. Die eigentlichen gesundheitlichen Vorteile des Fenchels liegen aber in seinen ätherischen Ölen, die ihm den himmlischen Duft verleihen. Diese Öle unterstützen die Verdauung und wirken entzündungshemmend. Doch auch an Mineralstoffen und Spurenelementen mangelt es dem Fenchel nicht. Er enthält unter anderem Kalium, Calcium, etwas Eisen und die Vitamine B, C und E.

DREI SCHNELLE TO-GO-SALATE FÜRS BÜRO

Gerade unterwegs oder im Büro ist es oft schwierig, sich gesund zu ernähren. Diese drei Salate sind alle in weniger als 25 Minuten zuzubereiten und lassen sich prima einige Tage im Kühlschrank aufbewahren. Jedes Rezept reicht für vier Portionen, sodass man sie am besten am Sonntagabend vorbereitet, um die ganze Woche davon zu zehren. Jeder Salat enthält außerdem sowohl Proteine und Kohlenhydrate als auch gute Fette – damit steht der ausgewogenen Ernährung während der Woche nichts mehr im Wege.

Hirse-Tomaten-Salat

Für 4 Personen
200 g ungekochte Hirse
400 ml Wasser
1 EL Tomatenmark
2 Paprika
2 große Tomaten
3 Frühlingszwiebeln
4 Stängel Petersilie
2 TL Paprikapulver
Saft einer halben Zitrone
½ TL Meersalz

- Die Hirse am besten über Nacht einweichen. Wenn es schnell gehen soll, reicht es, die Hirse gründlich mit heißem Wasser abzuspülen.
- Die Hirse mit 400 ml Wasser und dem Tomatenmark aufkochen. Die Hitze reduzieren und die Hirse 10 Minuten köcheln lassen, bis das Wasser verdampft ist. Bei geschlossenem Deckel weitere 10 Minuten quellen lassen.
- Die Paprika entkernen. Die Paprika und Tomaten würfeln und die Frühlingszwiebeln in Ringe schneiden. Die Petersilie grob hacken. Alle Zutaten miteinander vermengen und mit Zitronensaft und Meersalz abschmecken.

Kichererbsen-Rote-Bete-Salat

Für 4 Personen
2 Paprika
1 Dose Kichererbsen (400 g)
3 gekochte Knollen Rote Bete
eine Handvoll frische Minze
120 g Cherrytomaten
2 EL natives, kalt gepresstes
 Olivenöl
2 EL Apfelessig
1 TL roher Honig
Meersalz und Pfeffer
1 Avocado

- Den Backofen auf 180 °C Umluft (200 °C Ober- und Unterhitze) vorheizen.
- Die Paprika halbieren, entkernen und ca. 25 Minuten im Backofen rösten. Die Kichererbsen abtropfen und in eine große Schüssel geben. Die Rote Bete würfeln und hinzugeben.
- Die Minze hacken, die Tomaten vierteln und ebenfalls hinzugeben. Die Paprika aus dem Ofen nehmen, in kleine Stücke schneiden und mit den Kichererbsen, der Roten Bete, der Minze und den Tomaten vermischen.
- Das Olivenöl mit Apfelessig, Honig und ein wenig Meersalz und Pfeffer vermengen und über dem Salat verteilen. Die Avocado halbieren und das Fruchtfleisch in Würfeln unterheben. Wenn der Salat vorbereitet wird, die Avocado frisch hineinschneiden.

Quinoa-Mango-Salat

Für 4 Personen
200 g ungekochtes Quinoa
1 Schuss Apfelessig
600 ml Wasser
1 Mango
150 g Cherrytomaten
2 EL natives, kalt gepresstes
 Olivenöl
3 EL Apfelessig
1 TL roher Honig
½ TL Kreuzkümmel
2 Handvoll Kürbiskerne
Meersalz und Pfeffer

- Das Quinoa gründlich waschen und mit einem Schuss Apfelessig und 600 ml Wasser in einem Kochtopf bei hoher Hitze aufkochen. Die Hitze reduzieren und ca. 12–15 Minuten köcheln lassen, bis das Wasser komplett verdampft ist. Das Quinoa mit einer Gabel etwas auflockern und zur Seite stellen.
- In der Zwischenzeit die Mango schälen, entkernen und das Fruchtfleisch würfeln. Die Tomaten ebenfalls würfeln.
- Alle restlichen Zutaten für das Dressing vermengen und mit den Mango- und Tomatenwürfeln, dem Quinoa und den Kürbiskernen vermengen. Mit Meersalz und Pfeffer abschmecken.

VIER DRESSINGS, DIE JEDEN SALAT AUFPEPPEN

Bevor ich Heavenlynn Healthy startete, waren meine Kochkünste nicht gerade berauschend. Was ich jedoch schon immer gut konnte, war Salatdressings zu kreieren. Meine Mama ist darin eine Meisterin und von ihr habe ich viel gelernt. Zum Beispiel, dass ein kleines bisschen Süße gleich jedes Dressing aufpeppt. Der Erfolg eines Salates hängt wirklich besonders vom Dressing ab, weshalb ich immer wieder auf diese vier Dressings zurückkomme. Das Olivenöl-Zitronen-Dressing ist das einfachste, aber auch vielseitigste der Dressings. Ich mag es gerne auf Blattsalaten wie Feldsalat oder Rucola. Das Mole-Dressing schmeckt besonders in herbstlicheren Salaten prima. Das Honig-Senf-Dressing kommt bei meinen Gästen immer sehr gut an, da es so wunderbar cremig ist. In Kombination mit Salaten aus Pseudo-Getreidesorten wie Quinoa oder auch als Dip für Gemüsesticks ist das Avocado-Dressing mein Favorit.

Zubereitungszeit
5 Minuten

Für jeweils einen Salat für ca. 4 Personen

Olivenöl-Zitronen-Dressing

5 EL natives, kalt gepresstes Olivenöl
Saft einer halben Zitrone
2 EL Apfelessig
1 TL roher Honig oder Ahornsirup
Meersalz und Pfeffer

Honig-Senf-Dressing

5 EL natives, kalt gepresstes Olivenöl
3 EL Apfelessig
1 EL Dijon-Senf
2 TL roher Honig
Meersalz und Pfeffer

Mole-Dressing

5 EL natives, kalt gepresstes Olivenöl
2 EL Apfelessig
2 TL Ahornsirup
½ TL rohes Kakaopulver, stark entölt
1 Prise Cayennepfeffer
Meersalz

Cremiges Avocado-Dressing

1 Avocado
2 EL natives, kalt gepresstes Olivenöl
Saft einer Limette
1 Handvoll Petersilie
1 Handvoll Koriander
Meersalz und Pfeffer

- Die ersten drei Dressings können in einem Glas vermengt werden. Das Avocado-Dressing in einem Food Processor oder mit einem Pürierstab cremig pürieren. Die Dressings halten sich mindestens eine Woche im Kühlschrank; das Avocado-Dressing hält allerdings nur 2–3 Tage.

SCHNELLES PAD THAI

Zubereitungszeit
15 Minuten
Kochzeit
10 Minuten

Für 2 Personen

Für das Pad Thai
200 g (Vollkorn-) Reisnudeln
1 Zucchini
2 Karotten
1 EL Sesamöl
2 Frühlingszwiebeln

Für die Sauce
10 g Ingwer
1 Knoblauchzehe
3 EL Tamari
Saft von ½–1 Limette
2 EL Ahornsirup
80 g Cashewmus (alternativ
   Mandel- oder Erdnussmus)
2 EL Wasser

Mein Pad Thai und ich haben eine ganz besondere Geschichte. Es hat meinen Freund und mich bestimmt ein halbes Jahr lang zwei- bis dreimal pro Woche begleitet. Das ist leider nicht übertrieben, denn danach konnten wir es für gut ein halbes Jahr nicht mehr sehen. Seid also gewarnt: Es schmeckt so gut, dass man Gefahr läuft, sich daran zu überessen. Und das wäre wirklich schade, weil es unfassbar gut schmeckt. Der Hit ist natürlich die Sauce, aber auch die Gemüsenudeln sind definitiv ein Muss. Diese Version ist eine angepasste, allergiefreundlichere und etwas vereinfachte Version des Originals auf dem Blog: schneller und einfach genialer!

- Die Reisnudeln in eine große Schüssel geben, mit kochendem Wasser übergießen und ca. 10 Minuten quellen lassen.
- In der Zwischenzeit das Gemüse waschen und mithilfe eines Spiralschneiders zu Nudeln verarbeiten oder mit einem Sparschäler dünn schälen.
- Ingwer und Knoblauch schälen und mit den restlichen Saucenzutaten in einen Food Processor oder Mixer geben und fein pürieren. Alternativ Ingwer und Knoblauch fein hacken und mit den anderen Zutaten mit einem Schneebesen verrühren.
- Das Sesamöl in einer großen Pfanne oder einem Wok auf mittlerer Stufe erhitzen. Das Gemüse hinzugeben und ca. 3 Minuten anbraten, bis es gar, aber trotzdem noch bissfest ist.
- Die Hitze reduzieren, die Sauce und die Reisnudeln hinzugeben und 2–3 Minuten erwärmen, bis die Nudeln die Sauce aufgenommen haben. Mit gehackten Frühlingszwiebeln servieren.

HIMMLISCH FÜR KÖRPER UND SEELE, WEIL …

… dieses Pad Thai perfekt ist, um schnell eine große Portion Gemüse zu sich zu nehmen. Wer das Gefühl hat, dass der Körper extra viel Energie und Nährstoffe benötigt, der lässt die Reisnudeln komplett weg und isst dieses Gericht nur mit Gemüsenudeln. Die Sauce ist so lecker, dass sie garantiert jeden Gemüse-Muffel in einen Gemüse-Liebhaber verwandeln wird.

KRÄUTER-RUCOLA-PESTO

Zubereitungszeit
5 Minuten
Kochzeit
12 Minuten

Für 4 Personen

Für das Kräuter-Pesto
2 Knoblauchzehen
1 Handvoll Rucola, mehr zum
    Servieren
1 Handvoll Petersilie
1 Handvoll Koriander
1 Avocado
30 g Pistazien
60 ml natives, kalt gepresstes
    Olivenöl
120 ml Wasser
1 TL Meersalz
Saft einer Limette

Für die Pasta
500 g Vollkornreis-Pasta oder
    Pasta nach Wahl

Wenn es mittags oder abends schnell gehen soll, dann greife ich am liebsten auf Pasta mit Kräuterpesto zurück. Pesto ist eine geniale Art und Weise, den Tagesbedarf an grünem Blattgemüse zu sich zu nehmen. Dabei braucht man gar nicht immer nur Basilikum zu verwenden: Petersilie, Koriander, Dill, Bärlauch, aber auch Rucola, Feldsalat oder Spinat sind ideale Pesto-Grundlagen. Durch Avocado wird das Pesto unglaublich cremig und reich an gesunden Fettsäuren. Am besten genießt ihr das Pesto mit Vollkornpasta aus Vollkornreis, Buchweizen oder Dinkel (nicht glutenfrei).

- Alle Zutaten für das Pesto in einen Food Processor geben oder mit einem Stabmixer fein pürieren.
- Die Pasta nach Packungsanleitung kochen, mit dem Pesto servieren und mit Rucola garnieren.

HIMMLISCH FÜR KÖRPER UND SEELE, WEIL …

… Kräuter nicht nur Heilkräfte haben, sondern auch vor Chlorophyll nur so strotzen. Chlorophyll ist das »Blut« der Pflanzen und unterscheidet sich rein chemisch nur durch ein zentrales Atom von Hämoglobin, dem roten »Farbstoff« im menschlichen Blut. Chlorophyll schützt vor Zellschäden, stimuliert neue Zell- und Blutbildung, schützt den Körper vor Infektionen, unterstützt die reinigende Funktion der Leber und hilft sogar gegen Mund- und Körpergeruch (Goodbye, Knoblauchmund).

PENNE MIT GETROCK-NETEN TOMATEN UND CASHEW-PARMESAN

Vorbereitungszeit
10 Minuten
Kochzeit
10 Minuten

Für 4 Personen

Für die Tomatensauce
70 g Cashewkerne
150 ml Wasser
110 g eingelegte, getrocknete
  Tomaten
1 Dose gehackte Tomaten
  (400 g)
2 Knoblauchzehen
Meersalz und frischer
  schwarzer Pfeffer
2 Handvoll Baby-Spinat

Für die Pasta
500 g Vollkornreis-Penne
  oder Penne nach Wahl

Für den Cashew-Parmesan
20 g Cashewkerne
1 EL Nährhefe, aus dem
  Bio-Laden
½ TL Meersalz

Bei Pastasauce gehen die Meinungen weit auseinander. Für viele kommt absolut nichts an Tomatensauce heran. Ich liebe meine einfache Tomatensauce (S. 49), doch bin ich auch ein großer Fan von getrockneten Tomaten. Für mich schmecken diese noch einmal mehr nach Sommer und erinnern mich an Italienurlaube, Antipasti und Sonnenschein. Mit selbst gemachtem Cashew-Parmesan wird ein Festschmaus draus.

- Die Penne nach Packungsanleitung kochen.
- Die Cashewkerne zusammen mit dem Wasser in einen Mixer geben und fein pürieren. Die eingelegten Tomaten abtropfen lassen. Mit den gehackten Tomaten, dem Knoblauch und Meersalz in einen Mixer geben und alles zu einer feinen Sauce pürieren.
- Die Sauce in eine große Pfanne geben und bei mittlerer Hitze ca. 5–10 Minuten erwärmen. Den Spinat nach und nach unterheben, bis er zusammengefallen ist. Die Sauce mit Meersalz und Pfeffer abschmecken. Die gekochte Penne hinzugeben und alles gut verrühren und die Nudeln mit der Sauce weiter erwärmen, aber nicht köcheln lassen.
- Für den Cashew-Parmesan die Cashewkerne in einem Food Processor grob hacken, mit der Nährhefe und dem Meersalz vermengen und über den Penne verteilen.

KÜCHENTIPP

Getrocknete Tomaten findet man meistens in Öl eingelegt im Glas oder wirklich sonnengetrocknet in kleinen Tüten. Für Saucen und Pestos sind die in Öl eingelegten Tomaten besser geeignet, da sie das Pesto cremiger machen. Beim Kauf achte ich besonders auf Bio-Qualität ohne Zusatzstoffe oder Zuckerzusatz.

ANTI-INFLAMMATORY-SUPPE MIT PAPRIKA, KAROTTEN & KURKUMA

Zubereitungszeit
10 Minuten
Backzeit
ca. 40 Minuten

Für 4 Personen
5 gelbe Paprika
3 Karotten
1 große Zwiebel
2 Knoblauchzehen
2 EL natives, kalt gepresstes
    Olivenöl
1 Glas oder Dose Cannellini-
    Bohnen (400 g)
2 TL Kurkuma
1 TL Kreuzkümmel
700 ml Wasser, mehr bei
    Bedarf
3 EL Gemüsebrühepaste
    (Rezept S. 42)
Meersalz und frisch gemahle-
    ner Pfeffer
ein paar Nüsse, z.B. Hasel-
    nüsse, als Deko
frische Kräuter, z.B. Koriander
    oder Petersilie, als Deko

Für mich sind Suppen das perfekte Abendessen während der Woche. Nur leider halten sie selten lange vor, da ihnen sättigendes Protein fehlt. Deswegen verwende ich gerne Cannellini-Bohnen, um Suppen nicht nur cremiger, sondern gleichzeitig vollwertiger zu machen. Wenn ihr keine Cannellini-Bohnen zur Hand habt, dann nehmt einfach kleine weiße Bohnen oder auch ein Glas gekochte Kichererbsen. Die gerösteten gelben Paprika machen diese Suppe himmlisch aromatisch und durch die Zugabe von Kurkuma wird die Suppe besonders wertvoll, da Kurkuma entzündungshemmende Eigenschaften hat.

- Den Backofen auf 180 °C Umluft (200 °C Ober- und Unterhitze) vorheizen.
- Die Paprika halbieren, entkernen und mit der Innenseite nach unten auf ein mit Backpapier belegtes Backblech legen. Die Karotten schälen, in grobe Streifen schneiden und ebenfalls auf dem Backblech verteilen. Die Zwiebel und die Knoblauchzehen schälen, die Zwiebel halbieren und beides zum Gemüse geben. Alles mit Olivenöl beträufeln und ca. 30–40 Minuten rösten, bis sich die Haut der Paprika löst. Diese anschließend mit einer Gabel abziehen.
- Die Bohnen abtropfen lassen und mit klarem Wasser abspülen. Paprika, Karotten, Bohnen, Gewürze, Wasser und Gemüsebrühepaste in einem hitzebeständigen Mixer fein pürieren. Wenn die Suppe zu cremig ist, etwas mehr Wasser dazugeben. Die Suppe in einem Kochtopf noch einmal aufkochen lassen und mit Meersalz, Pfeffer und evtl. mehr Gewürzen abschmecken und mit gehackten Nüssen servieren.

HIMMLISCH FÜR KÖRPER UND SEELE, WEIL …

… Paprika mehr Vitamin C enthält als Orangen. Bereits 100 g Paprika decken den Tagesbedarf an Vitamin C. Ebenfalls enthalten Paprika Carotinoide, die unsere Zellen vor Zellschäden durch freie Radikale schützen.

ROTE-BETE-PASTINAKEN-SUPPE

Zubereitungszeit
10 Minuten
Backzeit
40 Minuten

Für 4 Personen
450 g rohe Rote Bete
200 g Pastinaken
2 Knoblauchzehen
2 EL natives Sesamöl
2 TL Kreuzkümmel
2 TL Ingwer
1 TL Kurkuma
600 ml Wasser
3 EL Gemüsebrühepaste
  (Rezept S. 42)
100 ml Kokosmilch aus der
  Dose
1 EL Apfelessig
1 EL roher Honig
Meersalz und Pfeffer nach
  Geschmack
Toppings: Kokos-Joghurt,
  gehackte Minze, Sesam,
  gehackte Nüsse nach
  Geschmack

Spätestens seit ich gemerkt habe, wie glücklich mich die Farbe einer Rote-Bete-Suppe macht, wusste ich, dass ich mit meiner Berufswahl richtig liege. Habt ihr schon einmal eine Rote Bete aufgeschnitten und sie von innen betrachtet? Die feine Maserung, die satte Farbe und der tiefrote Saft, der die Finger verfärbt – das ist für mich wahre Schönheit. Deshalb durfte eine Rote-Bete-Suppe in diesem Buch nicht fehlen. Kombiniert mit Pastinaken und orientalischen Gewürzen ist sie ein günstiges und einfaches Abendessen.

- Den Backofen auf 180 °C Umluft (200 °C Ober- und Unterhitze) vorheizen.
- Die Rote Bete und die Pastinaken schälen und in mittelgroße Stücke schneiden. Den Knoblauch schälen. Rote Bete, Pastinaken und Knoblauch mit dem Sesamöl beträufeln und ca. 30–40 Minuten rösten, bis alles gut durchgegart ist.
- Das geröstete Gemüse mit den restlichen Zutaten außer den Toppings, Meersalz und Pfeffer in einen hitzebeständigen Mixer geben oder mit dem Pürierstab fein pürieren.
- Die Suppe in einem Kochtopf noch einmal aufkochen lassen, mit Meersalz und Pfeffer abschmecken und mit Kokos-Joghurt, gehackter Minze, Sesam und gehackten Nüssen garnieren.

HIMMLISCH FÜR KÖRPER UND SEELE, WEIL …

… Studien gezeigt haben, dass Rote Bete besonders bei Bluthochdruck positive Wirkung haben kann. Dafür verantwortlich ist das in Rote Bete vorkommende Nitrat, welches zur Erweiterung der Blutgefäße und somit zur Senkung des Blutdrucks beiträgt. Doch Rote Bete kann noch so viel mehr als nur den Blutdruck regulieren. Sie steckt voller Vitalstoffe wie Eisen, B-Vitamine und Folsäure. Letztere ist besonders bei Frauen in der Schwangerschaft sehr wichtig.

SCHNELLE MINESTRONE

Zubereitungszeit
20 Minuten
Kochzeit
25 Minuten

Für 4–6 Personen
1 Zwiebel
2 Knoblauchzehen
4 Karotten
1 Zucchini
3 Stangen Sellerie
400 g Spitzkohl
1 Glas kleine weiße Bohnen
  (350 g)
2 Stängel Basilikum, plus mehr
  zum Dekorieren
2 Stängel glatte Petersilie
1 Stängel Dill
200 g Quinoa
2 EL natives, kalt gepresstes
  Olivenöl
1 EL Thymian
1 EL Paprikapulver
2 EL Tomatenmark
2 Dosen gehackte Tomaten
  (je 400 g)
1 l Wasser
2 EL Gemüsebrühepaste
  (Rezept S. 42)
Meersalz und Pfeffer nach
  Geschmack

Ich muss zugeben, dass keiner meiner Rezepttester dieses Rezept ausprobieren wollte. Auch muss ich zugeben, dass dies sicherlich kein überzeugendes Intro für ein Gericht ist. Doch nachdem ich meine Freunde eingeladen und ihnen diese Suppe serviert habe, wollten auf einmal doch alle das Rezept haben. Diese Suppe ist aber auch wirklich sehr lecker, einfach und dabei extrem nahrhaft und wohltuend. Das liegt besonders an der Menge an Gemüse, den frischen Kräutern und dem sättigenden Quinoa. Für mich ein wahrer Geheimtipp!

- Die Zwiebel und den Knoblauch schälen und fein hacken. Die Karotten, die Zucchini und den Sellerie würfeln, den Spitzkohl grob hacken. Die Bohnen abtropfen und gründlich abspülen. Basilikum, Petersilie und Dill grob hacken. Das Quinoa gründlich unter fließendem Wasser abspülen.
- Das Olivenöl in einem großen Topf erhitzen und darin die Zwiebel und den Knoblauch ca. 1 Minute scharf anbraten. Thymian, Paprikapulver, Tomatenmark und Gemüse hinzugeben und ca. 3 Minuten anbraten. Mit den Tomaten, dem Wasser und der Gemüsebrühepaste ablöschen und bei hoher Hitze aufkochen. Die Hitze reduzieren und ca. 10 Minuten bei mittlerer Hitze köcheln lassen.
- Nach 10 Minuten das Quinoa hinzugeben und weitere 15 Minuten mitkochen. Evtl. mehr Wasser dazugeben. Kurz vor Schluss die abgetropften Bohnen unterheben. Mit Meersalz und Pfeffer abschmecken und mit Basilikum, Petersilie und Dill garnieren.

HIMMLISCH FÜR KÖRPER UND SEELE, WEIL …

… die Minestrone sowohl reich an Gemüse als auch an pflanzlichen Proteinen und Ballaststoffen ist. Schon eine einzige Portion dieser Suppe enthält mehr Gemüse, als wir durchschnittlich am Tag zu uns nehmen. Durch die Bohnen und das Quinoa sättigt die Minestrone ebenfalls und verhindert das bekannte Mittagstief. Deshalb empfehle ich diese Suppe besonders als Mittagessen im Büro.

ORIENTALISCHER BRATREIS

Zubereitungszeit
15 Minuten
Kochzeit
30 Minuten

Für 4 Personen
200 g Naturreis
500 ml Wasser
Meersalz und Pfeffer
1 TL Zimt
4 Stiele Minze
1 rote Zwiebel
1 Knoblauchzehe
25 g Ingwer
1 Karotte
1 Zucchini
100 g weiche Datteln
1 Dose Kichererbsen (400 g)
200 g Kokosjoghurt oder
  Joghurt nach Wahl
Saft und Schale einer Limette
2 EL natives Sesamöl oder
  Olivenöl
2 TL Ras el-Hanout (siehe
  Küchentipp)

Dieses Gericht mache ich mir gerne zu Mittag, wenn ich Reis vom Vortag übrig habe. Das Besondere an diesem Gericht ist die Gewürzmischung Ras el-Hanout. Wer kein Ras el-Hanout zu Hause hat, der benutzt einfach eine kleine Anzahl an alternativen Gewürzen (siehe Küchentipp). Da Bratreis schnell trocken sein kann, esse ich gerne Limetten-Kokosjoghurt dazu. Alternativ zu Kokosjoghurt kann auch Mandel- oder griechischer Joghurt verwendet werden.

- Den Naturreis gründlich waschen und mit 500 ml Wasser, etwas Meersalz und 1 TL Zimt aufkochen. Die Hitze reduzieren und den Reis ca. 25–30 Minuten bei geschlossenem Deckel köcheln lassen.
- Die Minze von den Stielen abzupfen, ein paar Blätter zur Deko beiseitelegen und die übrigen Blätter fein hacken. Die Zwiebel, den Knoblauch und den Ingwer schälen und fein hacken. Karotte und Zucchini putzen und mit einem Spiralschneider in Spiralen schneiden. Alternativ mit einer Küchenraspel grob raspeln. Die Datteln entkernen und in kleine Stücke schneiden. Die Kichererbsen abtropfen lassen und unter klarem Wasser abspülen. Den Joghurt mit 2 TL frischem Limettensaft und ½ TL frischer Limettenschale verrühren.
- Das Öl in einer großen Pfanne erhitzen und die Zwiebeln darin ca. 2 Minuten anbraten. Knoblauch, Ingwer, Karotte und Zucchini sowie Ras el-Hanout hinzugeben und kräftig anbraten.
- Den gekochten Naturreis, Kichererbsen und Datteln in die Pfanne geben und auf mittlerer Hitze weiter anbraten.
- Mit Meersalz, Pfeffer und frischem Limettensaft verfeinern und mit dem Kokosjoghurt und frischer Minze servieren.

KÜCHENTIPP

Ras el-Hanout ist eine Gewürzmischung, die es in den meisten Supermärkten zu kaufen gibt. Wer nicht noch ein Gewürz kaufen möchte, der vermengt einfach 1 TL Kreuzkümmel mit ½ TL Kurkuma und ½ TL Zimt für eine vereinfachte eigene Mischung.

THAILÄNDISCH-INSPIRIERTER KRAUTSALAT

Zubereitungszeit
30 Minuten
Backzeit
5 Minuten

Für 4 Personen

Für den Krautsalat
30 g Cashewkerne
300 g Rotkohl
150 g Weißkohl
2 Karotten
2 Frühlingszwiebeln
1 Paprika
eine Handvoll Koriander
weißer oder schwarzer Sesam
  als Topping

Für das cremige Limetten-Dressing
1 Knoblauchzehe
1 daumengroßes Stück Ingwer
3 EL Tamari
1–2 EL Ahornsirup
Saft einer Limette
85 g Erdnussmus (oder
  Mandel- oder Cashewmus)
2 EL Wasser

Warum ich bisher noch nie in Thailand war, ist mir ein Rätsel. Immerhin inspiriert mich die thailändische Küche bei meinen Gerichten ungemein. Zu meiner Verteidigung habe ich mich bereits durch hunderte Thai-Currys und thailändische Salate gekostet – auch in anderen asiatischen Ländern. Ich weiß, das zählt eigentlich nicht, deswegen steht Thailand bei mir ganz oben auf meiner Reiseliste. Asienreisen hin oder her – dieser thailändisch inspirierte Krautsalat ist dank des Dressings eine Geschmacksexplosion.

- Den Backofen auf 180 °C Umluft (200 °C Ober-und Unterhitze) vorheizen.
- Die Cashewkerne grob hacken, auf ein Backblech geben und ca. 10–12 Minuten rösten. Aufpassen, dass sie nicht anbrennen.
- Die äußeren Blätter des Rotkohls und des Weißkohls abziehen und 300 g Rotkohl und 150 g Weißkohl fein hacken. Die Karotten raspeln. Die Frühlingszwiebeln in Ringe schneiden. Die Paprika halbieren, entkernen und in Streifen schneiden.
- Für das Dressing die Knoblauchzehe und den Ingwer schälen und fein hacken. Mit allen anderen Zutaten in eine Schüssel geben und mit einem Schneebesen vermengen. Alternativ alle Zutaten im Mixer pürieren, dann wird es noch cremiger.
- Das Dressing über dem Salat verteilen und gut vermischen. Die Cashewkerne, den gehackten Koriander und etwas Sesam darüberstreuen und genießen.

HIMMLISCH FÜR KÖRPER UND SEELE, WEIL ...

... die kräftige Farbe den Rotkohl nicht nur superfotogen, sondern auch gesund macht. Egal ob Blaukraut oder Rotkohl, für die Farbe sorgen sekundäre Pflanzenstoffe namens Anthocyane, die unsere Zellen vor oxidativem Stress schützen und somit Entzündungen, Herz-Kreislaufstörungen und sogar Krebs vorbeugen können. Um Blähungen bei Kohlsorten zu vermeiden, ist es ratsam, blähreduzierende Gewürze wie Ingwer, Knoblauch oder Fenchelsamen bei der Zubereitung zu verwenden.

(FAST) DEUTSCHE BOWL

Zubereitungszeit
10 Minuten
Kochzeit
30 Minuten

Für jeweils 2 Personen

Für die Bowl
100 g Hirse
250 ml Wasser
2 Handvoll Rucola
500 g grüner Spargel
1 Bund Radieschen
70 g Tiefkühl-Erbsen
1 Knoblauchzehe
1–2 EL natives, kalt gepresstes
   Olivenöl

Für die Avocado-Hollandaise
1 reife Avocado
250 ml abgekochtes heißes
   Wasser
Saft einer halben Zitrone
1 TL Reissirup oder Ahornsirup
½ TL Meersalz
¼ TL Pfeffer
2 EL Rapsöl

Wenn wir an Bowls denken, dann fallen uns üppige Buddha- oder Hollywood-Bowls aus trendigen Health Cafés und Delis ein. Doch warum immer gleich nach Hollywood oder Australien schauen, wenn wir auch hier in Deutschland wunderbar heimische Zutaten finden?

- Die Hirse am besten über Nacht, mindestens aber für 1 Stunde in klarem Wasser einweichen und das Wasser anschließend abgießen. Alternativ zum Einweichen die Hirse gründlich mit heißem Wasser abspülen.
- Die Hirse mit 250 ml Wasser aufkochen. Die Hitze reduzieren und ca. 15 Minuten köcheln lassen. Anschließend den Deckel auf den Topf geben und die Hirse weitere 10 Minuten quellen lassen.
- Den Rucola waschen und trocken tupfen. Die harten Enden des Spargels abschneiden und den Rest in mundgerechte Stücke schneiden. Die Radieschen in Scheiben schneiden. Die Erbsen mit warmem Wasser übergießen und ca. 4 Minuten auftauen. Das Wasser abgießen und die Erbsen zur Seite stellen.
- Den Knoblauch schälen, fein hacken und im Olivenöl scharf anbraten. Den Spargel dazugeben und ca. 3–5 Minuten scharf mitanbraten.
- Für die Avocado-Hollandaise die Avocado halbieren und das Fleisch herausschaben. Mit den anderen Zutaten in einen Food Processor oder Mixer geben und fein pürieren.
- Die Zutaten für die Bowl auf zwei Schüsseln aufteilen und mit der Hollandaise servieren.

HIMMLISCH FÜR KÖRPER UND SEELE, WEIL …

… Spargel ein wunderbar gesundes Gemüse ist. Womit beginnen? Vielleicht mit seinem hohem Gehalt an Folsäure (Folat), die besonders für schwangere Frauen und ungeborene Babys wichtig ist. Besonders aufgrund seines hohen Kaliumanteils und weil er den körpereigenen Spiegel von Glutathion (einem Antioxidans) erhöht, wirkt Spargel entgiftend und entzündungshemmend.

FREESTYLE-
SCHWÄBISCHE-BOWL

Zubereitungszeit
10 Minuten
Kochzeit
30 Minuten

Für jeweils 2 Personen
85 g Tellerlinsen
400 g Drillinge (kleine
  Kartoffeln)
1 EL natives, kalt gepresstes
  Olivenöl
Meersalz und Pfeffer
6 Karotten
2 TL Ahornsirup
400 ml Wasser
1 EL Gemüsebrühepaste
  (Rezept S. 42)
1 Lorbeerblatt
2 Handvoll Feldsalat
1 EL Apfelessig
160 g Sauerkraut, am besten
  selbst gemacht (Rezept
  S. 51)
etwas schwarzer Sesam zur
  Dekoration

Für das Dressing
4 EL natives Olivenöl
2 EL Apfelessig
1 TL Dijon-Senf
Meersalz und Pfeffer
Saft einer halben Zitrone
1 TL roher Honig oder Ahornsirup

Durch mein Studium in Reutlingen und meine in Ostfildern lebende Familie ist mir die schwäbische Küche ans Herz gewachsen. Die Verbindung von Linsen und Apfelessig ist so genial, dass es mein schwäbisches Lieblingsgericht ist. Anstatt Saitenwürstle gibt es glasierte Karotten, und der schwäbische Kartoffelsalat wurde durch Kartoffelspalten ersetzt. Freestyle halt, aber trotzdem meine Hommage an eine wunderschöne deutsche Region.

- Die Linsen am besten über Nacht, mindestens aber für eine Stunde einweichen.
- Den Backofen auf 180 °C Umluft (200 °C Ober- und Unterhitze) vorheizen. Die Drillinge waschen, halbieren und mit dem Olivenöl und etwas Meersalz und Pfeffer auf einem mit Backpapier belegten Backblech vermengen. Die Karotten schälen oder gut putzen und im Ahornsirup wälzen. Die Karotten zu den Kartoffeln auf das Backblech legen und alles ca. 30 Minuten rösten.
- Die Linsen mit dem Wasser, der Gemüsebrühepaste und dem Lorbeerblatt aufkochen. Die Hitze reduzieren und die Linsen ca. 25–30 Minuten köcheln lassen.
- Den Feldsalat waschen und trocknen. Den Apfelessig unter die gekochten Linsen rühren und mit Meersalz abschmecken. Alle Zutaten für das Dressing vermengen.
- Für die Bowls den Feldsalat, die Linsen, die Drillinge, das Sauerkraut und die Karotten auf zwei tiefe Teller aufteilen und mit dem Dressing und etwas schwarzem Sesam garnieren.

HIMMLISCH FÜR KÖRPER UND SEELE, WEIL …

… Sauerkraut Millionen von guten Bakterien, den sogenannten Probiotika, enthält. Diese guten Bakterien sind für ein gesundes Verdauungssystem von größter Bedeutung. Sie stärken außerdem unser Immunsystem, reduzieren Hautprobleme und regulieren unseren Blutzuckerspiegel.

EDAMAME-SOMMERROLLEN

Zubereitungszeit
30 Minuten

Für 2 Personen

Für die Sommerrollen
10–15 g (Vollkorn-) Reisnudeln
1 Karotte
2 Avocados
½ Gurke
½ Paprika
100 g Rucola
6–8 Blätter Reispapier
150 g aufgetaute Edamame,
   z.B. aus dem Kühlregal im
   Bio-Laden
30 g Sprossen, z.B. Alfalfa-
   sprossen oder Brokkoli-
   sprossen

Für den Dip
1 Knoblauchzehe
2 cm Ingwer
3 EL Tamari (glutenfreie
   Sojasauce)
1 EL Ahornsirup
Saft einer Limette
85 g Mandelmus (Rezept
   S. 45)
2 EL kaltes Wasser

Meine Thai-Sommerrollen vom Blog sind das von meinen Lesern am häufigsten fotografierte Gericht. Sommerrollen sind aber auch extrem fotogen. Da sie super schnell zu Mittag zubereitet werden können, habe ich in diesem Rezept den Nährstoffgehalt gesteigert, ohne dabei den Zeitaufwand zu erhöhen. Durch die Edamame sind die Sommerrollen reich an Proteinen. Und durch die Sprossen enthalten sie bestens verfügbare Vitamine, Mineralstoffe, Antioxidantien sowie lebendige Enzyme, die wichtig für unsere Darmgesundheit sind. Na, neugierig? Dann rollt mal los.

- Die Reisnudeln komplett mit heißem Wasser übergießen und ca. 10 Minuten einweichen. Das Wasser abgießen und die Nudeln in eine Schüssel füllen.
- Das Gemüse in längliche Streifen schneiden, den Rucola waschen.
- Den Knoblauch und den Ingwer schälen. Alle Zutaten für den Dip in einen Food Processor oder Mixer geben und fein pürieren. Alternativ Knoblauch und Ingwer hacken und mit den anderen Zutaten mit einem Schneebesen vermengen.
- Immer ein Reispapier einzeln in eine Schüssel mit warmem Wasser legen, um es aufzuweichen.
- Das Papier auf einen großen Teller legen und mit etwas Gemüse, Reisnudeln, Rucola, Edamame und Sprossen und 1 TL Dip belegen. Das Reispapier umschlagen, die Seiten einfalten und zusammenrollen. Dies mit den weiteren Reispapieren wiederholen.
- Die Sommerrollen mit dem Dip genießen.

HIMMLISCH FÜR KÖRPER UND SEELE, WEIL …

… in diesen Sommerrollen gleich zwei supergesunde Lebensmittel zu finden sind: Edamame und Sprossen. Edamame sind besonders eiweißreich und Sprossen gehören zu den Lebensmitteln mit der höchsten Nährstoffdichte. Sprossen sind wahrliche Wunder in der Welt der Natur. Sie könnten gesünder nicht sein, weil sie reich an Vitaminen, Enzymen und Antioxidantien sind.

KICHERERBSEN-
SPINAT-PFANNE

Zubereitungszeit
10 Minuten
Kochzeit
15 Minuten

Für 2 Personen
300 g Cherrytomaten
2 Paprika
1 rote Zwiebel
1 Dose Kichererbsen (400 g)
150 g Spinat
1 TL Senfsamen
1 TL Kreuzkümmel
1 TL Kurkuma
½ TL Chili-Flocken
1 EL Paprikapulver
1 EL natives, kalt gepresstes
   Olivenöl
50 ml Wasser
2 EL Tomatenmark
gerösteter Sesam (optional)
Meersalz und frisch gemahlener Pfeffer

Wer Currys liebt, aber nicht die Zeit hat, einen großen Topf Curry zuzubereiten, für den ist diese schnelle Kichererbsen-Pfanne ideal. Die Basis bilden Cherrytomaten, Kichererbsen und Paprika, doch beim Rest könnt ihr euch einmal quer durch euer Gewürzregal arbeiten. Wer Kichererbsen und Gewürze im Vorratsschrank hat, der muss auf dem Weg nach Hause nur noch die frischen Zutaten besorgen, und das Abendessen ist gesichert.

- Die Cherrytomaten vierteln. Die Paprika entkernen und würfeln. Die Zwiebel schälen und würfeln. Die Kichererbsen abtropfen lassen und den Spinat waschen.
- Die Gewürze in einer kleinen Schale mischen und in einer Pfanne ohne Öl erhitzen, bis sich ihr Aroma entfaltet. Olivenöl hinzugeben und die Zwiebel darin scharf anbraten.
- Mit 50 ml Wasser und Tomatenmark ablöschen und die Tomaten und Paprika hinzugeben.
- Den Deckel auf die Pfanne geben und ca. 10 Minuten reduzieren lassen, bis die Tomaten eingefallen sind. Eventuell etwas Wasser nachgeben, aber nicht zu viel.
- Die Kichererbsen und den Spinat unterheben und mit etwas geröstetem Sesam servieren. Mit Meersalz und frisch gemahlenem Pfeffer abschmecken.

HIMMLISCH FÜR KÖRPER UND SEELE, WEIL …

… es ein einfaches, aber dennoch nahrhaftes Gericht ist, das bei mir immer dann zum Einsatz kommt, wenn ich keine Lust zu kochen habe. Doch gerade nach einem anstrengenden Tag dankt uns der Körper, wenn wir ihn trotz Müdigkeit mit Nährstoffen versorgen.

KLEINIGKEITEN UND SNACKS TO GO

Wenngleich ich es liebe zu kochen, fehlt auch mir häufig die Zeit, täglich in der Küche zu stehen. Und auch die Lust, wenn wir mal ehrlich sind. Besonders, wenn man anfängt, sich gesünder zu ernähren, scheint es so, als könne man zwischendurch und unterwegs nichts essen, weil alles entweder massenhaft Zucker, Milch oder Zusatzstoffe enthält. Hier muss ich leider etwas unsexy behaupten, dass Planung das A und O ist. Es hilft, wenn man sich am Anfang der Woche ein paar gesunde Snacks zubereitet, die man im Kühlschrank aufbewahrt und herausholen kann, wenn der Hunger kommt. Perfekt dafür sind meine Hummus-Variationen (S. 144) mit Saaten-Knäckebrot (S. 143), das Vollkornbrot (S. 138) mit Avocado oder meine Energy Balls (S. 157). Die Rezepte in diesem Kapitel können überall mit hin genommen werden, halten sich einige Tage im Kühlschrank oder in luftdichten Behältern und sind definitiv günstiger und gesünder als gekaufte Snacks.

HIMMLISCHES GLUTENFREIES VOLLKORNBROT

Zubereitungszeit
30 Minuten
Backzeit
1 Stunde
Ruhezeit
1 Stunde

Für eine 25 cm lange Kastenform

450 ml lauwarmes Wasser, evtl. etwas mehr
9 g glutenfreie Trockenhefe
2 EL Apfelessig
20 g Sonnenblumenkerne, mehr für den Boden und zum Bestreuen
1 Karotte (ca. 100 g)
250 g Buchweizenmehl
200 g Vollkornreismehl
30 g Pfeilwurzelstärke
20 g Flohsamenschalen
80 g Leinsamen, mehr zum Bestreuen
30 g Kürbiskerne
1 EL Meersalz
1 EL natives, kalt gepresstes Olivenöl

Dieses Brot ist der beste Beweis dafür, dass glutenfreies Brot genauso gut schmecken kann wie glutenhaltiges Brot. Es ist auch der Beweis dafür, dass glutenfreies Brot keine unaussprechbaren Zutaten benötigt, um knusprig, nahrhaft und nicht staubtrocken zu sein. Kreiert habe ich dieses Brot für meine Schwester May Britt, die aufgrund ihrer Zöliakie nur glutenfreies Brot essen kann. Doch auch Menschen ohne Zöliakie werden dieses Brot lieben. Wer Gluten gut verträgt, der kann die vielen verschiedenen Mehlsorten einfach durch Dinkelvollkornmehl ersetzen (siehe Küchentipp).

- Das lauwarme Wasser mit der Hefe und dem Essig vermengen. Eine Kastenform mit Backpapier auslegen und den Boden mit einer Handvoll Sonnenblumenkerne bestreuen. Die Karotte reiben.
- Das Buchweizenmehl mit dem Vollkornreismehl, der Pfeilwurzelstärke und den Flohsamenschalen in einer Schüssel sorgfältig vermischen. Leinsamen, Kürbiskerne und Sonnenblumenkerne unterrühren. Die lauwarme Hefemischung, die geriebenen Karotten und das Salz hinzugeben und den Teig mit einem Knethaken ca. 2 Minuten gut durchkneten. Er sollte ziemlich klebrig sein – das ist normal. Wenn der Teig zu trocken scheint, dann eventuell noch ein paar EL lauwarmes Wasser hinzugeben.
- Den Teig in eine saubere Schüssel umfüllen, mit einem feuchten Geschirrhandtuch bedecken und ca. 1 Stunde an einem warmen Ort gehen lassen. Ich heize dafür den Backofen gerne 5 Minuten auf 180 °C Umluft vor, schalte ihn dann wieder aus und gebe die Schüssel hinein.

- Den Teig in die Form füllen und noch einmal 20 Minuten an einem warmen Ort gehen lassen. Mit 1 EL Olivenöl einpinseln und mit einer Handvoll Sonnenblumenkerne und Leinsamen bestreuen.
- Den Backofen auf 180 °C Umluft (200 °C Ober- und Unterhitze) vorheizen. Das Brot ca. 60 Minuten backen. Abkühlen lassen und erst dann aus der Brotform nehmen.

KÜCHENTIPP

Für eine nicht-glutenfreie Variante können Buchweizenmehl, Vollkornreismehl, Pfeilwurzelstärke und Flohsamenschalen durch 500 g Dinkelvollkornmehl ersetzt werden. Dann sollte die Wassermenge um 50 ml reduziert werden.

HIMMLISCH FÜR KÖRPER UND SEELE, WEIL ...

... dieses glutenfreie Brot nicht zur Hälfte aus Stärke besteht, sondern aus einem Mix aus Buchweizen- und Vollkornreismehl, beides ballaststoff- und proteinreiche Mehlsorten. Auch enthält es wertvolle Nährstoffe aus den Kürbis- und Sonnenblumenkernen. Dadurch ist dieses Brot viel leckerer und gesünder als viele glutenfreie Brote, die man im Supermarkt kaufen kann.

SAATEN-KNÄCKEBROT

Vorbereitung
10 Minuten
Backzeit
50 Minuten

**Für ein Blech oder
ca. 20 Dreiecke**
70 g Sonnenblumenkerne
60 g (glutenfreie) Haferflocken
40 g Sesam
40 g Leinsamen
30 g Kürbiskerne
15 g Chiasamen
½ TL Meersalz
250 ml kochendes Wasser
etwas Vollkornreismehl oder
  (glutenfreies) Mehl nach
  Wahl zum Bestreuen

Mein Saaten-Knäckebrot habe ich so gut wie immer auf Vorrat. Es ist ein sehr nährstoffreicher Snack für zwischendurch und verhindert den Griff zu ungesunden Dingen. Anders als viele denken, kann man Knäckebrot ganz einfach zu Hause selber machen. Genießt es mit Hummus, zum Frühstück oder zum Stippen von herzhaften Gerichten.

- Den Backofen auf 160 °C Umluft (180 °C Ober- und Unterhitze) vorheizen. Alle trockenen Zutaten in einer Rührschüssel vermengen. Das heiße Wasser darübergießen und alles gut mit einem Kochlöffel vermengen. 15 Minuten quellen lassen.
- Ein Backblech mit Backpapier auslegen, mit etwas Vollkornreismehl bestreuen und die Teigmasse mit einem befeuchteten Spatel dünn auf dem Blech verteilen. Je dünner, desto knuspriger wird das Ergebnis.
- Das Knäckebrot im vorgeheizten Ofen 10 Minuten backen, herausnehmen und mit einem scharfen Messer oder Pizzaroller in Dreiecke oder Rechtecke schneiden. Weitere 40–50 Minuten backen (je nach Dicke des Teigs). Herausnehmen und abkühlen lassen. Luftdicht verschlossen hält sich das Knäckebrot bis zu zwei Wochen.

HIMMLISCH FÜR KÖRPER UND SEELE, WEIL …

… Kerne wie Sonnenblumen- oder Kürbiskerne voller Nährstoffe stecken. Sonnenblumenkerne sind reich an pflanzlichen Proteinen und eine gute Calcium- und Eisenquelle. Kürbiskerne enthalten noch mehr Proteine als Sonnenblumenkerne und darüber hinaus auch entzündungshemmende Omega-3-Fettsäuren. Kerne sollten also wirklich viel häufiger auf unserem Speiseplan stehen.

HUMMUS-PARTY

Wenn mich Freunde zu einer Geburtstagsfeier einladen, dann kommt über kurz oder lang häufig die Bitte: Bringst du deinen cremigen Hummus mit? Das Kichererbsenpüree zusammen mit dem Saaten-Knäckebrot von S. 143 ist der Hit auf jedem Buffet und kann unendlich variiert und geschmacklich angepasst werden. Je mehr ich ausprobiere, desto mehr merke ich jedoch: Ich komme immer wieder auf den ursprünglichen klassischen Hummus zurück. Trotzdem macht es riesigen Spaß, unterschiedliche Varianten zu testen. In einem luftdichten Container halten sich alle Varianten bis auf den Spinat-Avocado-Hummus mindestens 4–5 Tage.

Zubereitungszeit
5-10 Minuten

Für jeweils eine große Schüssel Hummus

Klassischer Hummus

2 EL natives, kalt gepresstes Olivenöl
1 EL Tahini (Sesammus)
1 Knoblauchzehe
1 Dose Kichererbsen (400 g) oder 265 g
  eingeweichte und gekochte Kichererbsen, abgetropft
60 ml Wasser
Saft von ½–1 Zitrone
1 TL gemahlener Kreuzkümmel
Meersalz nach Geschmack

- Das Olivenöl mit der Tahini zuerst in den Food Processor geben und ca. 1 Minute verrühren. Dadurch wird der Hummus cremiger. Alle weiteren Zutaten in den Food Processor geben und nochmals fein pürieren.

Getrocknete-Tomaten-Hummus

75 g getrocknete Tomaten aus dem Glas,
  abgetropft
1 Grundrezept klassischer Hummus

- Die getrockneten Tomaten mit dem Grundrezept für Hummus in einen Food Processor geben und fein pürieren.

Rote-Bete-Hummus

1 mittelgroße Rote Bete
  (ca. 70 g)
1 Grundrezept klassischer Hummus

- Den Backofen auf 180 °C Umluft (200 °C Ober- und Unterhitze) vorheizen.
- Die Rote Bete schälen, in kleine Stücke schneiden und ca. 25–30 Minuten rösten. Kurz abkühlen lassen und mit dem Grundrezept für Hummus in einem Food Processor fein pürieren.

Spinat-Avocado-Hummus

1 Grundrezept klassischer Hummus
eine Handvoll Spinat (ca. 50 g)
1 Avocado
eine kleine Handvoll Koriander

- Alle Zutaten in einen Food Processor geben und fein pürieren. Der Spinat-Avocado-Hummus hält sich in einem luftdichten Container im Kühlschrank nur etwa 2 Tage.

GUTE-LAUNE-DATTEL-ZWIEBEL-CREME

Zubereitungszeit
10 Minuten
Einweichzeit
4 Stunden

Für eine mittelgroße Schüssel
150 g Cashewkerne
5 weiche Datteln
3 Frühlingszwiebeln (30 g)
95 ml Wasser, mehr, wenn
   nötig

Diese Dattel-Zwiebel-Creme hat eine besondere Tradition in unserer Familie. Es gibt sie bei jedem Familientreffen, weshalb man definitiv mit der Annahme richtig liegt, dass unsere Familientreffen von Zwiebelgeruch geprägt sind. Natürlich besteht die Creme traditionell nicht aus Cashewkernen, sondern aus Frischkäse. Doch als ich diese Creme zum ersten Mal ausprobiert habe, war ich begeistert, was für eine weiche Konsistenz pürierte Cashewkerne annehmen können. Das starke Aroma der Frühlingszwiebeln wird von den süßen Datteln perfekt ausbalanciert. Super schmeckt die Creme auf Vollkornbrot (S. 138) oder mit dem Saaten-Knäckebrot von S. 143.

- Die Cashewkerne am besten über Nacht, mindestens aber für 4 Stunden in klarem Wasser einweichen. Das Wasser anschließend abgießen.
- Die Datteln entsteinen und fein hacken. Die Frühlingszwiebeln in Ringe schneiden. Zuerst die Frühlingszwiebeln und Datteln in einen Food Processor geben, darin fein hacken und in eine Schüssel umfüllen. Dann die Cashewkerne mit dem Wasser zu einer cremigen Paste pürieren. Wenn sich die Creme an den Seiten festsetzt, diese mit einem Spatel herunterkratzen und weiter pürieren. Eventuell esslöffelweise Wasser ergänzen, wenn sich die Masse nicht gut pürieren lässt.
- Die Frühlingszwiebeln und Datteln hinzugeben und kurz unterrühren.
- Die Dattel-Zwiebel-Creme hält sich ca. 3 Tage im Kühlschrank.

HIMMLISCH FÜR KÖRPER UND SEELE, WEIL ...

... Cashewkerne für gute Laune sorgen. Das liegt nicht nur an ihrem leckeren Geschmack, sondern auch an der enthaltenen Aminosäure L-Tryptophan, die bei der Herstellung des Glückshormones Serotonin benötigt wird. Obwohl Cashewkerne wie alle Nüsse viel Fett enthalten, machen sie nicht dick. Im Gegenteil: Studien zeigen, dass der tägliche Verzehr einer Handvoll Cashewkerne Übergewicht und Diabetes Typ 2 vorbeugen kann.

SUPER-POWER-TORTILLA-CHIPS MIT GUACAMOLE

Zubereitungszeit
25 Minuten
Backzeit
15 Minuten

Für 4–6 Personen

Für die Tortilla-Chips
200 g Kichererbsenmehl
30 g Kokosmehl
20 g Pfeilwurzelstärke
1 TL Weinstein-Backpulver
1 TL Meersalz
½ TL frisch gemahlener Pfeffer
1 EL gemahlene Chiasamen
2 EL Hanfsamen
60 ml natives, kalt gepresstes
   Olivenöl
60–80 ml warmes Wasser

Für die Guacamole
2 Avocados
1 kleine rote Zwiebel
½ Bund Koriander
½ TL Chiliflocken
½ TL Kreuzkümmel
Saft einer Limette
Meersalz und schwarzer
   Pfeffer nach Geschmack

Dieses Rezept hat ziemlich hohes Suchtpotential. Um die Tortilla-Chips noch gesünder zu machen, habe ich noch ein paar Kracher eingearbeitet: Chia- und Hanfsamen – für die Extraportion essentieller Fettsäuren und Proteine.

- Kichererbsenmehl, Kokosmehl, Pfeilwurzelstärke, Backpulver, Meersalz, Pfeffer, Chiasamen und Hanfsamen in eine Rührschüssel geben und mit einem Schneebesen sorgfältig mischen.
- Das Olivenöl zugeben und die Masse mit den Händen zu einem bröseligen Teig verarbeiten. 60 ml warmes Wasser zum Teig geben und einarbeiten. Nun Esslöffel für Esslöffel weiteres warmes Wasser zum Teig geben und durchkneten, bis er nicht mehr bröselig, aber auch nicht zu feucht ist.
- Den Backofen auf 170 °C Umluft (190 °C Ober- und Unterhitze) vorheizen.
- Den Teig in zwei Hälften teilen. Die erste Hälfte zu einem Kreis formen und zwischen zwei Backpapieren dünn ausrollen. Je dünner der Teig, desto knuspriger werden die Tortilla-Chips. Das Backpapier auf ein Backblech ziehen, das obere Backpapier abziehen und den Teig in dreieckige Chips schneiden. Das Ganze mit dem restlichen Teig wiederholen. Die Tortilla-Chips ca. 12–15 Minuten backen.
- Die Chips abkühlen lassen und am besten frisch servieren.
- Die Avocados halbieren, den Stein entfernen, das Fleisch mit einem Löffel aushöhlen und würfeln. Die Zwiebel schälen und grob hacken. Den Koriander ebenfalls grob hacken.
- Alle Zutaten in eine Schüssel geben und das Avocadofleisch mit einer Gabel gut zerdrücken. Mit Limettensaft, Meersalz und Pfeffer abschmecken.

KÜCHENTIPP

Nicht alle Zutaten vorrätig? Keine Panik. Die Pfeilwurzelstärke kann durch Maisstärke ersetzt werden und das Kokosmehl durch weitere 30 g Kichererbsenmehl. Die Hanfsamen müssen auch nicht extra gekauft werden. Ihr habt keine gemahlenen Chiasamen? Dann nehmt normale Chia- oder geschrotete Leinsamen.

GERÖSTETE KICHERERBSEN

Zubereitungszeit
5 Minuten
Backzeit
40 Minuten

Für 1 Blech
1 Dose Kichererbsen (400 g)
1 Prise Cayennepfeffer

Dieses Rezept scheint auf den ersten Blick ziemlich langweilig zu sein. Aber habt ihr erst einmal eine Schüssel geröstete Kichererbsen auf eurem Schreibtisch stehen, werden eure Kollegen ziemlich neidisch schauen. Auch besteht die Gefahr, dass eure Freunde, Kinder oder Familie sie euch wegessen, denn geröstete Kichererbsen sind der genialste Kartoffel-Chips-Ersatz, den es gibt. Sie können komplett ohne schlechtes Gewissen genascht werden, schmecken auch himmlisch in Salaten als Croûton-Ersatz (S. 98) und können nach Lust und Laune mit unterschiedlichen Gewürzen abgewandelt werden.

- Den Backofen auf 180 °C Umluft (200 °C Ober- und Unterhitze) vorheizen.
- Die Kichererbsen abtropfen lassen und gut abspülen. Auf ein Backblech mit Backpapier geben und mit Cayennepfeffer vermengen.
- Die Kichererbsen ca. 30–40 Minuten rösten, bis sie goldbraun sind. Aus dem Ofen nehmen und abkühlen lassen. Erst dann werden sie richtig knusprig. Luftdicht verschlossen halten sie sich mindestens eine Woche.

HIMMLISCH FÜR KÖRPER UND SEELE, WEIL …

… Kichererbsen wahre Helden in der Ballaststoffwelt sind. Wusstet ihr, dass Kichererbsen zum größten Teil aus unverdaulichen Ballaststoffen bestehen? So gelangen sie so gut wie unverdaut in den Dickdarm. Dort werden sie von guten Bakterien (Probiotika) in kurze Fettsäuren zersetzt. Diese Fettsäuren werden wiederum von den Zellen der Darmschleimhaut aufgenommen und dort in Energie umgewandelt. Um es kurz zu machen: Kichererbsen sind gut für unsere Darmgesundheit und sollten deshalb viel öfter auf unseren Tellern landen.

HIMMLISCHES LIEBLINGS-POPCORN

Zubereitungszeit
5 Minuten
Kochzeit
5 Minuten

Für 2 Personen
2 EL natives Kokosöl
100 g Popcornmais
2 Stängel frischer Rosmarin
½ TL Meersalz

Ich habe eine riesige Schwäche für Popcorn. Wirklich riesig. An Schokolade, Chips und Co. kann ich ohne Probleme vorbeigehen, aber bei Popcorn – da werde ich immer schwach. Am besten schmeckt es mir aber zu Hause aus meiner eigenen Küche mit Kokosöl, Meersalz und Rosmarin gewürzt. Letzterer enthält einen Wirkstoff, der die Gedächtnis- und Hirnleistung stärkt. Bei langen Tagen am Schreibtisch kann man also ganz beruhigt zugreifen.

- Das Kokosöl in einem großen Kochtopf erhitzen. Zwei Maiskörner hineinlegen und den Deckel schließen. Wenn die Körner gepoppt sind, diese mit einem Holzlöffel herausnehmen und den restlichen Popcornmais in den Kochtopf geben. Durch Rütteln am Topf alle Maiskörner gut mit Kokosöl bedecken.
- Wenn die ersten Maiskörner gepoppt sind, immer wieder an dem Topf rütteln, damit die restlichen Maiskörner nicht anbrennen.
- Den Rosmarin hacken und mit dem Salz vermischen. Wenn alle Körner gepoppt sind, die Mischung in den Kochtopf geben und bei geschlossenem Deckel gut schütteln.

HIMMLISCH FÜR KÖRPER UND SEELE, WEIL …

… Mais natürliches Beta-Carotin enthält. Leider hat Mais durch die Genmanipulation in den letzten Jahrzehnten einen schlechten Ruf bekommen. Schade eigentlich, denn in guter Bio-Qualität ist Mais eine super Beta-Carotin-Quelle. Beta-Carotin wird im Körper in Vitamin A umgewandelt, das für unser Augenlicht sowie unser Immunsystem von größter Bedeutung ist.

SCHNELLE VANILLE-HAFERKEKSE

Zubereitungszeit
10 Minuten
Backzeit
25 Minuten

Für ca. 20 Kekse
3 reife Bananen (ca. 450 g)
Mark einer Vanilleschote
200 g grobe (glutenfreie)
   Haferflocken
100 g Apfelmark
2 EL roher Honig
1 TL Zimt
¼ TL Kardamom
1 Prise Salz

Diese Kekse gibt es bereits in einer anderen Version auf meinem Blog. Besonderer Beliebtheit erfreuen sie sich lustigerweise bei den Großmüttern unter meinen Lesern, die sie gerne für ihre und mit ihren Enkelkindern backen. Was für ein Kompliment! Sie lassen sich auch wirklich nach Lust und Laune anpassen. Auf dem Blog habe ich sie mit geriebenen Karotten ergänzt, aber auch geriebenes Obst, Kakaopulver, Nüsse oder Samen verfeinern die Kekse ganz wunderbar.

- Den Backofen auf 180 °C Umluft (200 °C Ober- und Unterhitze) vorheizen.
- Die Bananen schälen, in eine Backschüssel geben und mit einer Gabel gut zu einer homogenen Masse zerdrücken.
- Die übrigen Zutaten hinzugeben und alles gut mit einem Kochlöffel vermengen.
- Mit der Hand ca. 20 Kugeln formen und auf einem mit Backpapier ausgelegten Backblech platzieren. Mit der flachen Hand zerdrücken, sodass sie eine runde Keksform annehmen.
- Die Kekse ca. 20–25 Minuten goldbraun backen.
- Das Backblech herausnehmen und die Kekse auf dem Blech ca. 20 Minuten abkühlen lassen, bevor sie genascht werden können.
- In einem luftdichten Container halten sich die Kekse im Kühlschrank ca. 5 Tage.

HIMMLISCH FÜR KÖRPER UND SEELE, WEIL …

… die Kekse nur aus natürlichen, unbehandelten Zutaten bestehen und somit gerade für Kinder sehr gut geeignet sind. Doch auch die großen »Kinder« können sie wunderbar als Snack zwischendurch vernaschen. Die ballaststoffreichen Haferflocken verhindern, dass der Blutzuckerspiegel rasch ansteigt und genauso schnell wieder abfällt – so lässt sich dem bekannten Nachmittagstief entgegenwirken.

DREIERLEI ENERGY BALLS

Energy Balls sind einer der einfachsten und leckersten Snacks für unterwegs. Ich versuche besonders in stressigen Zeiten immer welche auf Vorrat zu haben, was leicht ist, da sie sich bis zu zwei Wochen im Kühlschrank halten. Die kleinen Bällchen bekämpfen auch das hartnäckigste Nachmittagstief, ohne dabei den Blutzuckerspiegel zu sehr zu stressen.

Zubereitungszeit 10 Minuten

Mandel-Hanf-Bällchen

Für jeweils 12 Energy Balls
150 g Mandeln
200 g Datteln (ca. 17 Stück), entsteint
1 EL Mandelmus (Rezept S. 45)
2 EL Hanfsamen

- Die Mandeln in einen Food Processor geben, grob hacken und umfüllen. Die Datteln in den Food Processor geben und kurz, aber sorgfältig zu einer homogenen Masse verrühren. Mandeln, Mandelmus und Hanfsamen hinzugeben und weiter pulsieren.
- Den Teig esslöffelweise herausnehmen und zwischen den Handflächen zu runden Bällchen formen. Die Bällchen ca. 1 Stunde zum Setzen in den Kühlschrank geben.

Schoko-Haselnuss-Bällchen

150 g Haselnüsse
200 g Datteln (ca. 17 Stück), entsteint
2 EL rohes Kakaopulver, stark entölt
1 Prise Kardamom
1 Prise Meersalz

- Die Haselnüsse in einer Pfanne ca. 5–8 Minuten auf mittlerer Stufe rösten. Kurz abkühlen lassen, in einem Food Processor grob hacken und umfüllen. Die Datteln in den Food Processor geben und kurz, aber sorgfältig zu einer homogenen Masse verrühren. Haselnüsse, Kakaopulver, Kardamom und Meersalz hinzugeben und weiter pulsieren.
- Den Teig esslöffelweise herausnehmen und zwischen den Handflächen zu runden Bällchen formen. Die Bällchen ca. 1 Stunde zum Setzen in den Kühlschrank geben.

Kokos-Limetten-Bällchen

100 g Cashewkerne
200 g weiche Datteln (ca. 17 Stück), entsteint
1 EL Kokosöl
Abrieb einer Bio-Limette
Saft einer halben Bio-Limette
50 g Kokosraspel, mehr zur Dekoration

- Die Cashewkerne in einen Food Processor geben, grob hacken und umfüllen. Die Datteln in den Food Processor geben und kurz, aber sorgfältig zu einer homogenen Masse verrühren. Kokosöl, Abrieb und Saft der Limette sowie Kokosraspel hinzugeben und im Food Processor weiter pulsieren.
- Den Teig esslöffelweise herausnehmen und zwischen den Handflächen zu runden Bällchen formen. In Kokosraspeln wälzen und ca. 1 Stunde zum Setzen in den Kühlschrank geben.

ÜPPIGES COMFORT FOOD

Weil Gutes Zeit braucht.

Kleine Snacks und leichte Alltagsgerichte sind ja schön und gut, aber ich lebe für wärmende Eintöpfe, aromatische Dals und würzige Chilis. Das Blumenkohl-Zimt-Dal (S. 173) oder das Superhelden-Süßkartoffel-Quinoa-Chili (S. 186) sind so wohltuend und nährend, dass ich jeden Tag davon essen könnte. Die Rezepte in diesem Kapitel sind alle etwas zeitaufwendiger und daher ideal für Wochenenden, an denen man mal etwas Neues und Aufregendes ausprobieren will. Mein persönliches Highlight ist mein Versuch, ein sehr norddeutsches Rezept etwas gesünder zu gestalten. Heraus kam dabei das wunderbare Gericht »Birnen, Bohnen ohne Speck« (S. 170), das ihr unbedingt probieren müsst. Auch die Hirsebällchen in würziger Tomatensauce (S. 180) werden nicht nur euch, sondern auch Familie und Freunde überzeugen, dass es nicht immer Fleisch sein muss. Viele der folgenden Rezepte sind außerdem asiatisch angehaucht, weil ich die Leichtigkeit und Vielseitigkeit der thailändischen, vietnamesischen und japanischen Küche so sehr liebe. Wenn ihr die Miso-Ramen-Nudelsuppe auf Seite 185 probiert habt, dann wisst ihr, was ich meine. Die meisten Gerichte in diesem Kapitel sind sehr großzügig bemessen, sodass zwei Personen meist mehrere Tage davon essen können. Sie halten sich auch prima einige Tage im Kühlschrank und können sehr gut mit ins Büro oder an die Uni genommen werden. Das Kapitel zelebriert Gemüse, Aromen, herzhafte Eintöpfe und himmlische Currys. Damit es im folgenden Kapitel nicht zu Verzweiflung kommt: Viele der Rezepte verwenden meine selbst gemachte Gemüsebrühepaste von S. 42. Wenn ihr diese nicht vorrätig habt, dann verwendet normale gekörnte Gemüsebrühe. Allerdings muss die Menge entsprechend angepasst werden. Natürlich könnt ihr auch selbst gemachte Gemüsebrühe verwenden.

BALI-BUDDHA-GEMÜSEEINTOPF

Zubereitungszeit
20 Minuten
Kochzeit
45 Minuten

Für 4–6 Personen
1 rote Zwiebel
2 Knoblauchzehen
2 cm frischer Ingwer
½ TL Chili-Flocken
1 TL Zimt
250 g grüne Bohnen
2 Karotten
1 Zucchini
½ Brokkoli
Saft und Schale einer Bio-
   Zitrone
1–2 EL natives Kokosöl oder
   Olivenöl
150 g rote Linsen
2 Dosen gehackte Tomaten
   (je 400 g)
400 ml Wasser
2 EL Gemüsebrühepaste
   (Rezept S. 42)
Meersalz und Pfeffer
gekochter Vollkornreis oder
   Quinoa zum Servieren
   (optional)

Was dieser Eintopf mit Bali zu tun hat? Er wurde uns dort in ähnlicher Form in einer Unterkunft serviert. Die Zutaten sind weniger typisch balinesisch und deswegen in jedem Supermarkt zu finden. Am besten schmeckt er mir an kalten Abenden nach dem Yoga oder Sport – er wärmt von innen und nährt den ganzen Körper. Die Zitronenschale und der -saft sorgen für ein intensives und frisches Aroma, weshalb er auch gut in den wärmeren Jahreszeiten – wie bei 25 °C auf Bali – genossen werden kann.

- Zwiebel, Knoblauch und Ingwer schälen und fein hacken. Die Gewürze in einer kleinen Schale vermengen. Das Gemüse waschen. Die Enden der Bohnen entfernen und die Bohnen einmal halbieren. Die Karotten schälen; die Zucchini und die Karotten in Halbmonde schneiden. Den Brokkoli in mundgerechte Röschen schneiden. Die Bio-Zitrone heiß abwaschen, gut abtrocknen und die Schale abreiben.
- 1 EL Kokos- oder Olivenöl in einem Kochtopf erhitzen. Zwiebeln, Knoblauch und Ingwer darin ca. 1 Minute scharf anbraten. Die Gewürze hinzugeben und eine weitere Minute mitanbraten. Das Gemüse und die Linsen in den Topf geben und eventuell einen weiteren EL Kokosöl hinzufügen, damit nichts anbrennt. Alles ca. 3 Minuten anbraten, bis es himmlisch duftet. Mit den Tomaten und dem Wasser ablöschen und bei hoher Hitze aufkochen. Die Hitze reduzieren, die Gemüsebrühepaste und den Abrieb der Bio-Zitrone hinzugeben und ca. 35–40 Minuten köcheln lassen. Zwischendurch immer wieder umrühren und eventuell Wasser und Gemüsebrühepaste nachgießen, damit nichts ansetzt.
- Den Eintopf mit dem Saft der Zitrone, Meersalz und frisch gemahlenem Pfeffer abschmecken. Er kann mit Vollkornreis oder Quinoa oder auch einfach pur serviert werden.

HIMMLISCH FÜR KÖRPER UND SEELE, WEIL …

… Linsen neben langsam verdaulichen Ballaststoffen auch unsere Eisenspeicher wieder auffüllen. Das ist gerade bei Frauen während der Periode sehr wichtig.

EINFACHES CHANA MASALA

Zubereitungszeit
15 Minuten
Kochzeit
35 Minuten

Für 4–6 Personen
1 EL Kurkuma
1 TL Fenchelsamen
½–1 TL Chiliflocken
1 EL Kreuzkümmel
1 EL gemahlener Koriander
1 TL Garam Masala (alternativ
   1 TL Kardamom)
1 Zwiebel
3 Knoblauchzehen
3 cm Ingwer
½ Blumenkohl
2 Dosen Kichererbsen
   (je 400 g)
2 EL Ghee oder natives
   Kokosöl
2 Dosen gehackte Tomaten
   (je 400 g)
250 ml Wasser
Saft einer Zitrone
genug Meersalz und Pfeffer
gekochter Naturreis und
   frischer Koriander zum
   Servieren

Dieses Kichererbsen-Curry ist geschmacklich ein Traum! Lasst euch bitte nicht von der langen Gewürzliste abschrecken. Im Grunde ist Chana Masala ein sehr einfaches und schnelles Gericht für den Alltag. Das einzige Manko ist eben, dass man eine gewisse Anzahl an Gewürzen braucht. Allerdings müsst ihr nicht jedes Gewürz vorrätig haben, um einen maximalen Geschmack zu erzeugen. Wer beispielsweise kein Garam Masala vorrätig hat, der kann es auch durch Kardamom ersetzen. Wie die meisten Eintöpfe schmeckt es am nächsten Tag noch besser, wenn die Gewürze so richtig durchgezogen sind. Ich mag es traditionell mit Naturreis, aber auch mit Quinoa oder Buchweizen schmeckt es super.

- Die Gewürze in ein kleines Schälchen füllen und vermengen. Zwiebel, Knoblauch und Ingwer schälen und fein hacken. Den Blumenkohl in feine Röschen schneiden. Die Kichererbsen abtropfen lassen und abspülen.
- Das Fett im Kochtopf erhitzen und die Zwiebeln, den Knoblauch und den Ingwer hinzufügen und scharf anbraten. Die Gewürze hinzufügen und ebenfalls anbraten, damit sich ihr Aroma entfaltet. Den Blumenkohl hinzugeben und weitere 1–2 Minuten mitanbraten. Mit den gehackten Tomaten und 250 ml Wasser ablöschen und bei hoher Hitze zum Köcheln bringen. Die Hitze reduzieren und ca. 30 Minuten köcheln lassen.
- Die Kichererbsen kurz vor Ende der Garzeit hinzugeben und weitere 5 Minuten miterwärmen.
- Mit frischem Zitronensaft, Meersalz und Pfeffer abschmecken und mit Naturreis und frischem Koriander servieren.

HIMMLISCH FÜR KÖRPER UND SEELE, WEIL ...

... Chana Masala die Heilkraft indischer Gewürze vereint. Kreuzkümmel in Kombination mit Fenchelsamen soll Unausgeglichenheit und ständigem Hunger entgegenwirken. Knoblauch und Koriander wirken blähungsreduzierend, und Kurkuma bringt den Stoffwechsel ins Gleichgewicht.

CAJUN-GEMÜSE-JAMBALAYA

Zubereitungszeit
20 Minuten
Kochzeit
30 Minuten

Für 4 Personen
2 rote Zwiebeln
2 Knoblauchzehen
6 Stangen Staudensellerie
1 Zucchini
3 Paprika, gerne grün, gelb
   und rot
250 g Champignons
200 g Naturreis
2 EL natives, kalt gepresstes
   Olivenöl
2 EL Cajun-Gewürz (alternativ
   1 EL Oregano, 1 TL Thymian,
   ¼ TL Cayenne-Pfeffer)
1 EL Paprikapulver edelsüß
1 EL Kokosblütenzucker (weglassen, falls nicht vorrätig)
800 ml Wasser, mehr bei
   Bedarf
3 EL Gemüsebrühepaste
   (Rezept S. 42)
2 Lorbeerblätter
1 Glas oder Dose weiße
   Bohnen (350 g)
3 Frühlingszwiebeln
Meersalz und Pfeffer

Fangen wir mit einem Geständnis an: Hier sollte eigentlich eine Cajun-Jambalaya-Pasta stehen. Für meinen Freund Jannis. Denn das hatte er sich gewünscht. Nur hat es mit der Pasta einfach nicht hingehauen. Es hat wohl seinen Grund, warum die traditionelle Jambalaya ein Reisgericht ist. Jambalaya ist eine Art Paella, die ihren Ursprung im amerikanischen Louisiana hat, genauer gesagt in New Orleans. Meine erste Jambalaya aß ich zwar in Houston, nicht in New Orleans, doch verliebte ich mich gleich so sehr in den Geschmack, dass ich eine Cajun-Gewürzmischung mit nach Hause nahm. Heute bekommt man Cajun-Gewürz in den meisten gut ausgewählten Gewürzregalen, man kann es aber auch ganz einfach selber machen (siehe Zutatenliste).

- Die Zwiebeln und den Knoblauch schälen und fein hacken. Den Sellerie und die Zucchini in Halbmonde schneiden. Die Paprika entkernen und in mundgerechte Stücke schneiden. Die Champignons in Scheiben schneiden. Den Reis gut waschen.
- Das Olivenöl in einem großen Kochtopf erhitzen. Zwiebeln, Knoblauch, Gewürze, Sellerie und Kokosblütenzucker darin ca. 2 Minuten scharf anbraten. Die Paprikawürfel, Zucchini und Champignons hinzugeben und weitere 2 Minuten anbraten, bis das Gemüse völlig mit den Gewürzen bedeckt ist. Den Reis, das Wasser, die Gemüsebrühepaste und die Lorbeerblätter hinzugeben und bei hoher Hitze aufkochen lassen. Die Hitze reduzieren und ca. 25 Minuten köcheln lassen. Bei Bedarf etwas mehr Wasser nachgießen.
- Die weißen Bohnen abtropfen und zur Jambalaya hinzugeben. Weitere 5 Minuten mit erwärmen. In dieser Zeit die Frühlingszwiebeln in Ringe schneiden.
- Die Jambalaya mit Meersalz und Pfeffer abschmecken und mit den Frühlingszwiebeln servieren.

HIMMLISCH FÜR KÖRPER UND SEELE, WEIL …

… Jambalaya ein wahres Gemüsefest ist. Durch die weißen Bohnen und den Vollkornreis sättigt der Eintopf, ohne dabei schwer im Magen zu liegen. Bei den Gemüsesorten könnt ihr übrigens verwenden, was noch vorrätig ist und gegessen werden muss.

KEIN-STRESS-BUCHWEIZEN-KURKUMA-CURRY

Einweichzeit
mindestens 1 Stunde
Zubereitungszeit
10 Minuten
Kochzeit
30 Minuten

Für 4–6 Personen
200 g geschälter Buchweizen
Saft einer Limette
600 g Süßkartoffeln
2 EL Kurkuma
1 EL Currypulver
1 TL Ingwerpulver
2 Knoblauchzehen
1 EL natives Kokosöl
1 Dose Kokosmilch (400 g)
1 gehackte Tomaten (400 g)
1 Glas oder Dose weiße
 Bohnen (400 g)
2 EL Tamari

Auf meinem Blog ist es mir besonders wichtig, den Menschen mit meinen Rezepten zu helfen. Egal ob bei Unverträglichkeiten, bei Krankheiten oder im ganz normalen Alltags-Wahnsinn. Dieses Curry ist eines dieser Rezepte, für das man auch während der Woche Zeit findet. Es bedarf nur einer Handvoll Zutaten und wird komplett in einem Kochtopf gekocht. Minimale Schnibbelei und maximaler Geschmack – so muss alltagstaugliches Essen sein. Wichtig ist allerdings, dass der Buchweizen einige Zeit eingeweicht wird, damit er bekömmlicher ist.

- Den Buchweizen am besten über Nacht, mindestens aber für eine Stunde in klarem Wasser mit einem Spritzer Limettensaft einweichen. Die Süßkartoffeln schälen und in mundgerechte Stücke schneiden.
- Alle Gewürze in eine kleine Schüssel geben. Den Knoblauch schälen und fein hacken.
- Das Kokosöl in einem beschichteten Topf erhitzen. Den Knoblauch darin ca. eine Minute scharf anbraten. Die Gewürze hinzugeben und eine weitere Minute anbraten, damit sich ihr Aroma entfalten kann. Die Süßkartoffeln hinzugeben und gut mit den Gewürzen vermengen. Alles mit der Kokosmilch und den gehackten Tomaten ablöschen. Den Buchweizen abgießen und zum Curry hinzugeben. Ca. 30 Minuten bei mittlerer Hitze köcheln lassen.
- Die Bohnen abtropfen, zum Curry geben und dieses weitere 5 Minuten köcheln lassen.
- Mit Tamari und dem restlichen Limettensaft abschmecken.

HIMMLISCH FÜR KÖRPER UND SEELE, WEIL ...

... Buchweizen alle essentiellen Aminosäuren enthält und somit als exzellente Proteinquelle gilt. Er ist ebenfalls reich an Magnesium, weshalb Buchweizen krampflösend wirkt – die Damen unter den Lesern sollten also mindestens einmal im Monat zu Buchweizen greifen. Für mich ist aber der positive Einfluss von Buchweizen auf die Gesundheit unseres Herz-Kreislauf-Systems wichtig. Besonders hervorzuheben ist hier Rutin, ein Flavonoid, das die Blutgefäße vor oxidativem Stress schützt und somit Bluthochdruck entgegenwirkt.

JANNIS' GOLDENES GEMÜSECURRY

Zubereitungszeit
20 Minuten
Kochzeit
40 Minuten

Für 4–6 Personen
1 Brokkoli
500 g kleine Kartoffeln
  (Drillinge)
2 Karotten
2 Paprika
2 Knoblauchzehen
1 daumengroßes Stück Ingwer
  (ca. 15 g)
2 TL Ingwer
2 EL Kurkuma
2 TL ganze Kreuzkümmel-
  samen (oder 1 EL gemahlener Kreuzkümmel)
1 TL Chiliflocken
2 EL natives Kokosöl
2 Dosen gehackte Tomaten
  (je 400 g)
2 Dosen Kokosmilch
  (je 400 g)
2 EL Gemüsebrühepaste
  (Rezept Seite 42)
Naturreis oder Quinoa zum
  Servieren
2 EL Tamari
125 g Spinat
Saft einer Limette

Wenn ich beruflich unterwegs bin und erschöpft nach Hause komme, duftet es in unserer Wohnung meistens himmlisch. Denn traditionell macht mir Jannis sein Lieblingscurry immer als »Willkommen-zu-Hause«-Überraschung. Die Gewürze verleihen dem Curry ein himmlisches Aroma und die Kokosmilch macht es auf pflanzliche Art und Weise besonders cremig. Auch der größte Gemüsegegner wird bei diesem Gericht schwach werden! Außerdem ist es absolut gelingsicher. Wenn mein Mann das kann, dann könnt ihr das auch. Das Curry lässt sich auch sehr gut einige Tage im Kühlschrank aufbewahren, sodass ihr die ganze Woche über davon essen könnt.

- Das Gemüse waschen. Den Brokkoli in kleine Röschen schneiden. Die Kartoffeln vierteln. Die Karotten schälen und in Halbmonde schneiden. Die Paprika entkernen und in mundgerechte Stücke schneiden. Knoblauch und Ingwer schälen und fein hacken. Alle Gewürze in eine kleine Schüssel geben und vermischen.
- 1 EL Kokosöl in einer großen Pfanne erhitzen. Knoblauch und Ingwer kurz anbraten. Die Gewürze und einen weiteren EL Öl in die Pfanne geben und die Gewürze einige Sekunden scharf mitanbraten. Das Gemüse hinzufügen und mitanbraten, bis es komplett mit den Gewürzen bedeckt ist.
- Mit den Tomaten und der Kokosmilch ablöschen. Gemüsebrühepaste und Tamari hinzugeben und bei hoher Hitze aufkochen.
- Die Hitze reduzieren und das Curry auf mittlerer Hitze ca. 30–40 Minuten köcheln lassen, bis die Kartoffeln sich leicht mit einer Gabel zerteilen lassen.
- In der Zwischenzeit den Naturreis oder das Quinoa kochen.
- Kurz vor dem Servieren den Spinat waschen und unterrühren, mit Limettensaft und eventuell etwas mehr Gemüsebrühepaste abschmecken und mit Naturreis oder Quinoa servieren.

HIMMLISCH FÜR KÖRPER UND SEELE, WEIL ...

... es so gut tut, sich auch ab und zu einmal bekochen zu lassen. Zu zweit oder mit den liebsten Menschen schmeckt dieses wärmende, nährende Curry gleich viel besser!

BIRNEN, BOHNEN OHNE SPECK

Zubereitungszeit
30 Minuten
Kochzeit
40 Minuten

Für 4 Personen
100 g Schalotten
1 Knoblauchzehe
400 g Drillinge (kleine
   Kartoffeln)
350 g grüne Stangenbohnen
300 g Räuchertofu
2 l Wasser
30 g Ghee oder Kokosöl
1 TL Fenchelsamen
1 TL Koriandersamen
1 TL Paprikapulver
½ TL Zimt
4 EL Gemüsebrühepaste
   (Rezept S. 42)
2 Lorbeerblätter
2 nicht ganz reife Birnen
Saft einer halben Zitrone
6 Stiele Bohnenkraut
250 ml Gemüsebrühe
1 Glas oder Dose Riesen-
   bohnen (350 g) oder
   kleine weiße Bohnen
Meersalz und Pfeffer

Birnen, Bohnen und was? Wenn ihr nicht gerade aus Norddeutschland kommt, dann klingt das folgende Gericht eventuell etwas eigenartig. Doch vertraut mir: Was uns Norddeutsche großgezogen hat, das kann so schlecht ja nicht sein. Oder?

- Schalotten und Knoblauch schälen und fein hacken. Die Kartoffeln waschen und vierteln. Die Enden der grünen Bohnen abschneiden und die Bohnen halbieren. Ca. 100 g des Räuchertofus fein würfeln. Den restlichen Tofu würfeln oder in Rechtecke schneiden.
- Die grünen Bohnen ca. 5–6 Minuten in 2 l Wasser kochen. Das Garwasser zur Seite stellen. Grüne Bohnen mit kaltem Wasser abschrecken.
- 1 EL Ghee in einer großen und tiefen Pfanne erhitzen. Die Hälfte der Schalotten und des Knoblauchs sowie alle Gewürze darin anbraten. Die Kartoffeln und die kleinen Tofuwürfel hinzugeben und ebenfalls kurz anbraten. Mit 1,5 l des Bohnenwassers ablöschen, die Gemüsebrühepaste und die Lorbeerblätter hinzugeben und kurz aufkochen. Die Hitze reduzieren und das Ganze für 15 Minuten köcheln lassen.
- Die Birnen halbieren, entkernen und achteln. Zitronensaft drüberträufeln. Übrige Schalotten und Knoblauch in 1 EL Ghee anbraten. Den restlichen Tofu darin ca. 4 Minuten scharf anbraten. Den Tofu zur Seite stellen und 1 TL Ghee in der Pfanne erhitzen. Die Birnen darin kurz anbraten, bis sie goldbraun sind. Tofu und Birnen in der warmen Pfanne zur Seite stellen.
- Die grünen Bohnen, Bohnenkraut, weitere 250 ml Gemüsebrühe sowie Riesenbohnen zum Kartoffelsud geben und weitere 10 Minuten leicht köcheln lassen. Birnen und restlichen Räuchertofu hinzugeben und kurz erwärmen. Mit Meersalz und Pfeffer abschmecken.

HIMMLISCH FÜR KÖRPER UND SEELE, WEIL …

… grüne Bohnen nicht nur besonders eiweißreich, sondern auch sehr ballaststoffhaltig sind. Sie enthalten außerdem B-Vitamine, Beta-Carotin und Mineralstoffe wie Kalium, Calcium und Magnesium.

BLUMENKOHL-ZIMT-DAL MIT CASHEW-KORIANDER-CHUTNEY

Zubereitungszeit
20 Minuten
Kochzeit
45 Minuten

Für 4–6 Personen

Für das Dal
200 g Tellerlinsen
½ Blumenkohl
1 Butternut-Kürbis (700 g)
3 Stängel Stangensellerie
1 Apfel
3 cm frischer Ingwer
1 rote Zwiebel
4 Knoblauchzehen
1 Dose Kokosmilch (400 g),
   2 EL für das Chutney
   abnehmen
2 EL Kurkuma
2 TL Kreuzkümmel
2 TL Currypulver
½ TL Chiliflocken
2 EL natives Kokosöl
2 Dosen gehackte Tomaten
   (je 400 g)
750 ml Wasser
1 Zimtstange
2 EL Gemüsebrühepaste
   (Rezept S. 42)
2 EL Apfelessig
2 EL Ahornsirup
Meersalz und Pfeffer

**Für das Cashew-
   Koriander-Chutney**
110 g Cashewkerne
1 Handvoll Koriander
2 EL Kokosmilch
2 EL Wasser, evtl. etwas mehr
Saft einer Limette
Meersalz und Pfeffer nach
   Geschmack

Wenn ihr euch etwas richtig Wohltuendes, Nahrhaftes und Sättigendes gönnen wollt, dann empfehle ich euch ganz stark dieses Dal. Laut meiner Schwester ist es das beste Rezept in diesem Buch. Und es kommt mit einer kleinen Geschichte: Es ist uns nämlich das erste Mal in Charleston, North Carolina, begegnet, in einem ganz kleinen, unscheinbaren Restaurant am Folly Beach. Es schmeckte mir so gut, dass wir an drei Abenden hintereinander in diesem Restaurant aßen. Jedes Mal kamen wir direkt vom Strand mit Sand in den Haaren und Sonnenbrand auf den Schultern. Zu Hause versuchte ich meine eigene Version des Dals und bin höchst zufrieden mit dem Resultat. Allerdings essen wir es nur bei kalten Temperaturen, denn gerade die sättigenden Linsen und die Zimtstange machen es perfekt für kältere Tage.

- Die Linsen, wenn möglich, eine Stunde in klarem Wasser einweichen. Wenn's schnell gehen soll, die Linsen sorgfältig mit heißem Wasser abspülen.
- Den Blumenkohl in mundgerechte Stücke schneiden. Den Butternut-Kürbis schälen, die Kerne entfernen und das Fruchtfleisch würfeln. Den Stangensellerie ebenfalls würfeln. Den Apfel entkernen. Den Ingwer, die Zwiebel und die Knoblauchzehen schälen und zusammen mit dem Apfel in der Küchenmaschine zerkleinern. Alternativ alles fein hacken.
- 2 EL der Kokosmilch für das Chutney zur Seite stellen. Alle Gewürze in einer kleinen Schüssel vermengen.
- Das Kokosöl in einem großen Kochtopf erhitzen. Den Mix aus Ingwer, Zwiebel, Knoblauch, Apfel sowie Selleriewürfel hinzugeben und kurz scharf anbraten. Die Gewürze hinzufügen und ebenfalls kurz anbraten. Blumenkohl und Butternut-Kürbis mit in den Topf geben und anbraten, sodass alles gut mit Gewürzen bedeckt ist. Das Gemüse mit den gehackten Tomaten, der Kokosmilch und dem Wasser ablöschen und bei hoher Hitze zum Kochen bringen.

- Nun die Zimtstange, die Gemüsebrühepaste, die Linsen und den Apfelessig hinzufügen. Die Hitze reduzieren und für ca. 45 Minuten köcheln lassen.
- In der Zwischenzeit das Cashew-Koriander-Chutney zubereiten. Dafür alle Zutaten in einen Food Processor geben und ca. 2–3 Minuten zerkleinern, bis eine grobe Paste entstanden ist. Eventuell etwas mehr Kokosmilch hinzugeben, wenn es sich schwer pürieren lässt.
- Das Dal mit Ahornsirup, Meersalz und Pfeffer abschmecken und mit dem Cashew-Koriander-Chutney servieren.
- Die Zimtstange entweder herausfischen oder ein Spiel draus machen – der Finder macht den Abwasch oder bleibt von diesem verschont.

HIMMLISCH FÜR KÖRPER UND SEELE, WEIL …

… Butternut-Kürbis das Carotinoid Beta-Carotin enthält, das im Körper in Vitamin A umgewandelt wird, welches besonders für unsere Augen wichtig ist. Butternut-Kürbis steckt ebenfalls voller anderer Carotinoide wie Alpha-Carotin und Lutein, zwei wirkungsvolle Antioxidantien, die inneren Entzündungen und Zellschädigung vorbeugen.

MAROKKANISCHER EINTOPF

Zubereitungszeit
30 Minuten
Kochzeit
30 Minuten

Für 4–6 Personen
1 Zwiebel
3 Knoblauchzehen
2 Karotten
2 Süßkartoffeln (ca. 1 kg)
1 gelbe Paprika
1 kleiner Fenchel
4 große Handvoll Grünkohl
  oder Spinat
1 TL Paprikapulver
1 TL Kreuzkümmel
1 TL Koriander
1 TL Kurkuma
½ TL Ingwerpulver
½ TL Zimt
½ TL Meersalz
½ TL Pfeffer
1 Prise Cayenne-Pfeffer
2 EL natives, kalt gepresstes
  Olivenöl
1350 ml Wasser
2 EL Gemüsebrühepaste
  (Rezept S. 42)
1 Dose gehackte Tomaten
  (400 g)
200 g Quinoa
1 TL Apfelessig
Saft einer Zitrone
2 Dosen Kichererbsen
  (je 400 g)
Meersalz
frische Kräuter (Minze,
  Petersilie, Koriander)

Dieser Eintopf ist eines der beliebtesten Rezepte auf dem Blog, weswegen es unbedingt in dieses Kochbuch aufgenommen werden musste. Ja, die Zutatenliste ist lang, aber es lohnt sich so sehr! Das Aroma, das sich entfaltet, wenn die Gewürze im Topf mit der Zwiebel und dem Knoblauch in Kontakt kommen, ist wirklich himmlisch. Ob mit oder ohne Quinoa als Beilage, dieser Eintopf schmeckt wirklich jedem und ist eines der Gerichte, die ich am liebsten für meine Familie oder meine Freunde koche. Es ist der beste Beweis dafür, dass gesundes Essen alles andere als langweilig ist.

- Die Zwiebel und den Knoblauch schälen und klein hacken. Die Karotten und Süßkartoffeln schälen und in mundgerechte Stücke schneiden. Die Paprika entkernen und würfeln. Die grünen Blätter des Fenchels entfernen und den Rest in kleine Stücke schneiden. Den Grünkohl waschen und die Blätter vom Stängel entfernen. Alle Gewürze in einer kleinen Schüssel vermengen.
- Das Olivenöl in einem großem Kochtopf oder Bräter auf hoher Stufe erhitzen. Die Zwiebel und den Knoblauch hinzugeben und kurz scharf anbraten. Die Hitze reduzieren und alle Gewürze in den Topf geben und weitere 2 Minuten anbraten. Nun Karotten, Süßkartoffeln, Paprika und Fenchel hinzugeben und ca. 2 Minuten bei mittlerer Hitze anbraten.
- 750 ml Wasser, die Gemüsebrühepaste und die gehackten Tomaten hinzugeben und bei hoher Hitze aufkochen. Die Hitze reduzieren und ca. 20 Minuten köcheln lassen, bis die Süßkartoffeln weich, aber noch bissfest sind.

- Während der Eintopf kocht, das Quinoa gründlich waschen und mit einem Schuss Apfelessig, Zitronensaft und 600 ml Wasser in einem Kochtopf bei hoher Hitze aufkochen. Die Hitze reduzieren und ca. 12–15 Minuten köcheln lassen, bis das Wasser komplett verdampft ist. Das Quinoa mit einer Gabel etwas auflockern und zur Seite stellen.
- Nun die Kichererbsen zum Eintopf geben und weitere 10 Minuten köcheln lassen. Kurz vor dem Servieren den Grünkohl oder den Spinat unterrühren. Je nach Geschmack mit etwas mehr Meersalz und Zitronensaft würzen.
- Mit frischen Kräutern wie Minze, Petersilie oder Koriander garnieren.

HIMMLISCH FÜR KÖRPER UND SEELE, WEIL ...

... Süßkartoffeln eine der nährstoffreichsten Gemüsesorten überhaupt sind. Reich an Kalium schützen sie das Herz, lindern Muskelkrämpfe und helfen dem Körper, in Stresssituationen gelassener zu sein. Obwohl Süßkartoffeln von Natur aus süß sind, enthalten sie Ballaststoffe, die den Blutzuckerspiegel regulieren und sogar Diabetes vorbeugen. Besonders für Frauen interessant ist die enthaltene Folsäure (Folat), die bei Frauen mit Kinderwunsch oder während der Schwangerschaft wichtig ist.

HIRSEBÄLLCHEN IN WÜRZIGER TOMATENSAUCE

Zubereitungszeit
45 Minuten
Backzeit
35 Minuten

Für 2–4 Personen

Für die Hirsebällchen
190 g Hirse
1 TL Apfelessig
500 ml Wasser
½ rote Zwiebel
3 Knoblauchzehen
2 TL gemahlenes Basilikum
1 TL Oregano
50 g gemahlene Nüsse,
  z.B. Pekannüsse
20 g gemahlene (glutenfreie)
  Haferflocken
½ TL Meersalz
1 EL Gemüsebrühepaste (Rezept S. 42), alternativ etwas
  mehr Salz
1 Handvoll frischer Basilikum
1 Prise Pfeffer
3 EL Buchweizenmehl zum
  Bestäuben

**Für die indische
  Tomatensauce**
½ Zwiebel
1 Knoblauchzehe
1 EL natives, kalt gepresstes
  Olivenöl
3 TL Garam Masala, alternativ
  ½ TL Kardamom
1 TL Kreuzkümmel
1 TL Kurkuma
¼ TL Cayennepfeffer
2 EL Tomatenmark
2 Dosen gehackte Tomaten
  (je 400 g)
Saft einer halben Zitrone
Meersalz und Pfeffer

Dieses Gericht kombiniert zwei meiner Lieblingsküchen: die indische und die deutsche Küche. Was die Deutschen richtig gut können: Frikadellen. Was die Inder richtig gut können: Gerichte mit Gewürzen verfeinern. Beides habe ich in diesem Rezept miteinander verbunden und könnte nicht zufriedener mit dem Ergebnis sein. Die Hirsebällchen mit Nüssen und Basilikum schmecken sogar den größten Fleischessern.

- Die Hirse am besten über Nacht, mindestens aber für 1 Stunde in Wasser einweichen. Alternativ die Hirse gut mit heißem Wasser abspülen.
- Die Hirse mit dem Apfelessig und ca. 500 ml Wasser aufkochen und 10 Minuten simmern lassen, bis das Wasser verdampft ist. Weitere 10 Minuten bei geschlossenem Deckel quellen lassen.
- Den Backofen auf 160 °C Umluft (180 °C Ober- und Unterhitze) vorheizen.
- Für die Hirsebällchen die gekochte Hirse mit allen Zutaten außer dem Buchweizenmehl in einen Food Processor oder Mixer geben und zu einer groben Masse vermengen. Aus dem Teig jeweils 1–2 EL abnehmen und mit angefeuchteten Händen kleine Bällchen formen. Die Bällchen ganz leicht in Buchweizenmehl rollen, auf ein mit Backpapier ausgelegtes Backblech legen und ca. 35–40 Minuten backen.
- Für die Tomatensauce die Zwiebel und den Knoblauch schälen und fein hacken. Das Olivenöl in einer Pfanne erhitzen und die Zwiebeln, den Knoblauch und die Gewürze darin scharf anbraten. Das Tomatenmark mit in die Pfanne geben und ebenfalls 1 Minute anbraten. Mit den gehackten Tomaten ablöschen und ca. 5 Minuten auf mittlerer Hitze reduzieren lassen. Mit Zitronensaft, Meersalz und Pfeffer abschmecken.

KÜCHENTIPP

Die Bällchen lassen sich übrigens super für die Woche vorbereiten und in Salaten, in Bowls oder zu Pasta genießen.

TACOS MIT BLUMENKOHL, BOHNEN & KORIANDER

Zubereitungszeit
1 Stunde
Backzeit
30 Minuten

Für 12 Tacos

Für die Maistacos
200 g Masa Harina (vor-
  gekochtes Maismehl)
300 ml kochendes Wasser
Kokosöl zum Braten

Für die Füllung
1 Blumenkohl
1 EL natives, kalt gepresstes
  Olivenöl
1 TL Paprikapulver
1 Dose schwarze Bohnen
  (400 g)
1 rote Zwiebel
2 Avocados
Koriander

Für die Avocadocreme
1 Avocado
Saft einer halben Limette
Meersalz und Pfeffer

Spätestens seit ich in Texas gearbeitet habe, bin ich ein riesiger Fan der mexikanischen Küche. Natürlich gibt es in Texas viel Tex-Mex – eine amerikanisierte mexikanische Küche –, doch lernte ich dort viele Mexikaner kennen, die mich in die Welt der authentischen Küche ihres Landes einführten.

- Das Maismehl in eine Schüssel füllen und mit dem kochenden Wasser verrühren. Etwas abkühlen lassen und mit den Händen zu einer runden Kugel verkneten.
- Den Teig zu ca. 12 Kugeln formen. Jetzt gibt es zwei Varianten.
- Lynns Variante: Die erste Kugel zwischen zwei Backpapieren auf den sauberen Fußboden legen. Ein Buch darauflegen und mit dem ganzen Gewicht auf das Buch steigen. Den dünnen Taco entnehmen und die Prozedur mit den anderen Kugeln wiederholen. Variante 2: Alternativ kann natürlich auch eine Taco-Presse verwendet werden.
- Den Backofen auf 160 °C Umluft (180 °C Ober- und Unterhitze) vorheizen. Für die Füllung den Blumenkohl in mundgerechte Stücke schneiden. Den Blumenkohl auf ein mit Backpapier ausgelegtes Backblech geben, mit dem Olivenöl und dem Paprikapulver vermengen und ca. 20–30 Minuten goldbraun rösten.
- Die schwarzen Bohnen abtropfen lassen und die Zwiebel schälen und fein hacken. Die Avocados halbieren, entkernen und das Fruchtfleisch in Streifen schneiden.
- Für die Avocadocreme alle Zutaten in einen Food Processor geben und zu einer Creme verarbeiten.
- Das Öl in einer Pfanne erhitzen und jeden Taco darin ca. 4 Minuten von beiden Seiten anbraten, bis er eine leicht bräunliche Farbe annimmt.
- Die Tacos mit dem Blumenkohl, den Bohnen, den Zwiebeln, den Avocadostreifen und dem Koriander belegen und die Avocadocreme über den Tacos verteilen.

KÜCHENTIPP

Masa Harina bekommt man in ausgewählten internationalen Supermärkten oder im Internet.

MISO-RAMEN-NUDELSUPPE

Zubereitungszeit
10 Minuten
Kochzeit
1 Stunde 10 Minuten

Für 4 Personen
1 rote Zwiebel
6 Knoblauchzehen
20 g Ingwer
1 kleine rote Chilischote
2 EL natives Kokosöl
12 Shiitake-Pilze
1,5 l Wasser
3 EL Gemüsebrühepaste
  (Rezept S. 42)
200 g Tofu
200 g Reis- oder Vollkorn-
  Mie-Nudeln
3 EL Miso-Paste
1 EL Weißweinessig
200 g Pak Choi (ca. 4 Stängel)
3 Frühlingszwiebeln
100 ml Mandelmilch
Koriander zum Servieren

Häufig ist es schwierig, auswärts vegetarische Ramen zu finden, deswegen ist Selbermachen definitiv die beste Lösung. Ich liebe die aromatische Brühe aus Shiitake-Pilzen, Zwiebeln, Ingwer und Knoblauch und Miso-Paste. Genau das Richtige, um sich aufzuwärmen und den Körper zu kräftigen.

- Die Zwiebel, 5 Knoblauchzehen und den Ingwer schälen und grob in Scheiben schneiden. Die Chilischote entkernen und in Ringe schneiden. 1 EL Kokosöl in einem Topf erhitzen und Zwiebel, Knoblauch, Ingwer und Chili darin scharf anbraten. Drei Shiitake-Pilze, das Wasser und die Gemüsebrühepaste hinzugeben und ca. 1 Stunde köcheln lassen.
- Den Tofu in Küchenpapier wickeln und ein paar Bücher zum Beschweren darüberstapeln. Dadurch wird überschüssige Flüssigkeit herausgepresst. Je länger er gepresst wird, desto besser. Den Tofu anschließend würfeln.
- Die Reisnudeln oder Vollkorn-Mie-Nudeln in einen Topf geben, mit kochendem Wasser übergießen und ca. 10 Minuten ziehen lassen. Danach abgießen und zur Seite stellen.
- Die übrige Knoblauchzehe schälen und fein hacken. 1 EL Miso-Paste mit dem Knoblauch sowie 1 EL Weißweinessig vermengen und den Tofu darin marinieren. 1 EL Kokosöl in einer Pfanne erhitzen und den Tofu darin goldbraun braten.
- Die restlichen Shiitake-Pilze und den Pak Choi in mundgerechte Streifen schneiden. Die Frühlingszwiebeln ebenfalls in Ringe schneiden.
- Nach einer Stunde die Brühe durch ein Sieb auffangen und die Einlage herausnehmen und entfernen. Die restlichen Shiitake-Pilze, den Pak Choi, die Mandelmilch und 2 EL Miso-Paste hinzugeben und weitere 8 Minuten köcheln lassen.
- Die Ramen-Suppe mit dem gebratenen Tofu, den Nudeln, ein paar Frühlingszwiebelringen und frischem Koriander servieren.

HIMMLISCH FÜR KÖRPER UND SEELE, WEIL …

… Miso-Pasten extrem nährstoffreich sind. Unpasteurisierte Miso-Pasten sind voller guter Darmbakterien (Probiotika), die uns bei der Verdauung unterstützen. Ebenfalls enthalten Miso-Pasten alle essentiellen Aminosäuren. Aminosäuren benötigt unser Körper für so gut wie alle Funktionen im Körper, denn sie sind die Grundbausteine von Proteinen.

SUPERHELDEN-SÜSSKARTOFFEL-QUINOA-CHILI

Zubereitungszeit
30 Minuten
Kochzeit
30 Minuten

Für 4–6 Personen
2 Zwiebeln
2 Knoblauchzehen
1 Chilischote (2, wer es
   schärfer mag), alternativ
   ½–1 TL Chiliflocken
1 Süßkartoffel (400 g)
2 Paprika
200 g Quinoa
2 EL natives, kalt gepresstes
   Olivenöl
1 TL Fenchelsamen
1 EL gemahlener Kreuz-
   kümmel
3 TL Paprikapulver
80 g Tomatenmark
1 Dose Kidney-Bohnen (400 g)
1 Dose Mais (160 g)
2 Dosen gehackte Tomaten
   (je 400 g)
500 ml Wasser
1 EL roher Honig oder Ahornsirup
1 EL Essig, z.B. Apfelessig
2 EL rohes Kakaopulver, stark
   entölt
Meersalz und Pfeffer
1 Limette
Kokosjoghurt (oder normaler
   Joghurt) zum Servieren
Koriander oder Petersilie zum
   Servieren

Seid ihr bereit für das beste Chili-Rezept, das ihr je gegessen habt? Na, dann schnell den Einkaufszettel zücken und mitschreiben. Warum ich bei diesem Rezept so selbstbewusst bin? Weil es wirklich allen meinen Testern megagut geschmeckt hat. Ohne Ausnahme. Auch die Kinder meiner Tester haben zugegriffen. Gut, die waren zwar schon Teenager, aber das zählt doch eigentlich doppelt, oder? Die Gewürze wie Knoblauch, Fenchelsamen und Kreuzkümmel verhindern übrigens unschöne Töne nach dem Essen. So braucht man keine Angst zu haben, dieses Chili auch Gästen anzubieten. Einem gemütlichen Abend mit Freunden steht also nichts im Weg.

- Zwiebeln und Knoblauch schälen und ebenso wie die Chilischote fein hacken. Die Süßkartoffel schälen und würfeln. Die Paprika entkernen und in mundgerechte Stücke schneiden. Das Quinoa sorgfältig unter fließendem Wasser abspülen.
- Das Olivenöl in einem großen Kochtopf erhitzen. Zwiebeln, Knoblauch, Chili und Gewürze hinzugeben und anbraten. Tomatenmark hinzufügen und eine weitere Minute anbraten.
- Nun Süßkartoffeln, Paprika, Kidneybohnen, Mais, Tomaten, Quinoa sowie 500 ml Wasser hinzugeben. Alles aufkochen, die Hitze reduzieren und auf mittlerer Hitze 25–30 Minuten köcheln lassen. Zwischendurch umrühren und eventuell Wasser nachgießen.
- Kurz vor Ende der Kochzeit den Honig, den Apfelessig und das Kakaopulver unterrühren und mit Meersalz, Pfeffer und Limettensaft abschmecken.
- Mit Kokos-Joghurt, Koriander oder Petersilie servieren.

HIMMLISCH FÜR KÖRPER UND SEELE, WEIL …

… Kidneybohnen, wie alle Bohnenarten, eine der besten pflanzlichen Proteinquellen sind. Doch auch an Vitalstoffen mangelt es den nierenförmigen Bohnen nicht, denn sie sind eine sehr gute Quelle für Folsäure (Folat), Eisen, Magnesium und Kalium.

HIMMLISCHES FESTESSEN

Gerade an den Festtagen kann es schwierig werden, sich gesund zu ernähren. Meine Familie ist glücklicherweise sehr offen für neue Inspirationen an den Feiertagen. Doch ich weiß, dass es für die meisten Menschen nicht einfach ist, bei Festivitäten genug frisches Gemüse und Nährstoffe zu sich zu nehmen. Dieses kleine festliche Menü schmeckt allerdings auch den größten Kritikern der gesunden Ernährung. Egal ob ihr es zu Weihnachten, zu Silvester oder zu winterlichen Geburtstagsfeiern serviert, eure Gäste werden definitiv begeistert sein. Ich mache für festliche Abend- oder Mittagessen am liebsten mehrere Kleinigkeiten anstatt einer großen Hauptspeise. Alleine an den grünen Bohnen (S. 192) könnte ich mich schon sattessen. Der warme Beluga-Linsen-Salat mit Hokkaido-Kürbis und dem cremigem Kürbiskernöl-Dressing ist herrlich erfrischend und wärmend zugleich. Der Honig-Rosenkohl schmeckt sogar Menschen, die mit Rosenkohl sonst nichts anfangen können, und nach dem Rezept der Apfel-Linsensuppe (S. 187) mit ihrem süß-säuerlichen Aroma wird garantiert jeder Gast fragen. Allerdings muss unbedingt Platz für das festliche Quinoa gelassen werden, das zu meinen Lieblingsrezepten in diesem Buch gehört. Genau wie die Schoko-Vanillekipferl (S. 201), die einem die Adventszeit zuckerarm versüßen. Wer eine Nussallergie hat, der lässt die Nüsse in den Gerichten einfach weg bzw. ersetzt sie durch Kerne wie Kürbis- oder Sonnenblumenkerne.

HEAVENLYNN HEALTHY'S FESTTAGSMENÜ:

Warmer Kürbis-Linsen-Salat

Grüne Bohnen mit Erdnusssauce

Honig-Rosenkohl mit Cashewkernen

Apfel-Linsensuppe

Festliches Quinoa

Schoko-Vanillekipferl

WARMER KÜRBIS-
LINSEN-SALAT

Zubereitungszeit
20 Minuten
Back- und Kochzeit
30 Minuten

**Für 2 Personen oder
 4 als Beilage**

Für den Salat
100 g Beluga-Linsen
500 ml Wasser
1 Hokkaido-Kürbis
½ TL Kurkuma
½ TL Zimt
2 TL Ghee oder Kokosöl
2 Äpfel
100 g Feldsalat
1–2 EL Kürbiskerne

Für das Kürbiskern-Dressing
3 EL Kürbiskernöl
3 EL Apfelessig
1 TL roher Honig
Saft einer halben Zitrone

Eine liebe Kärntner Freundin von mir gestand mir einmal, dass sie sich wundert, warum wir Deutschen alle Salate immer mit Olivenöl marinieren. Kürbiskernöl sei doch viel aromatischer, cremiger und aufregender. Wie Recht sie hat! Diesen Salat unterstützt das Kürbiskernöl geschmacklich perfekt, denn es harmoniert prima mit dem Kürbis (ha!), den warmen Äpfeln und den Beluga-Linsen. Leider ist es etwas teurer als andere Öle. Wer nicht extra Geld ausgeben will, der kann natürlich auf unser geliebtes Olivenöl zurückgreifen. Ich erzähle es auch nicht meiner Freundin.

- Die Linsen gut abspülen.
- Den Backofen auf 180 °C Umluft (200 °C Ober- und Unterhitze) vorheizen.
- Die abgetropften Linsen mit 500 ml Wasser kurz aufkochen und 20-30 Minuten köcheln lassen. Anschließend übriges Wasser abgießen. In der Zwischenzeit den Hokkaido-Kürbis in mundgerechte Würfel schneiden und mit den Gewürzen und dem Ghee vermengen. Den Kürbis ca. 25 Minuten backen. Die Äpfel entkernen und in Scheiben oder mundgerechte Stücke schneiden, zum Kürbis geben und weitere 10 Minuten mitbacken.
- Alle Zutaten für das Dressing in ein Glas geben und gut schütteln. Den Feldsalat waschen und trocken tupfen.
- Die Linsen, den Feldsalat, den Kürbis und die Äpfel in eine große Schale geben und mit dem Dressing und den Kürbiskernen garnieren.

HIMMLISCH FÜR KÖRPER UND SEELE, WEIL …

… Kürbiskernöl reich an essentiellen ungesättigten Fettsäuren und sekundären Pflanzenstoffen ist. Die mehrfach ungesättigte Fettsäure namens Linolsäure bringt unser Gehirn auf Zack und die einfach ungesättigte Ölsäure schützt unser Herz. Besonders für Männer interessant, ist die positive Wirkung der in Kürbiskernöl enthaltenen Phytosterole (ein Pflanzenstoff) auf die Gesundheit der Prostata.

GRÜNE BOHNEN IN ERDNUSSSAUCE

Vorbereitungszeit
10 Minuten
Kochzeit
20 Minuten

Für 4 Personen als Beilage

Für die Bohnen
500 g grüne Bohnen
1 rote Zwiebel
1 EL Kokosöl
eine Handvoll gehackte Erdnüsse

Für die Sauce
2 Knoblauchzehen
2 cm frischer Ingwer
3 EL Erdnussmus
2 EL Tamari
1 TL Weißweinessig
1 EL Sesamöl
2 EL Wasser

Grüne Bohnen klingen nicht gerade sehr aufregend oder? Willst du deine Kinder vergraulen, dann setze ihnen grüne Bohnen vor. So ging es zumindest meiner Mutter sehr lange. Wir konnten mit den Bohnen einfach nichts anfangen. Heute zögere ich beim Kauf von grünen Bohnen nicht lange. Ich weiß genau, wie ich sie so zubereiten muss, dass sie mir und meinem Freund schmecken: mit einer cremigen Erdnusssauce. Für ein Festessen ist das vielleicht etwas unkonventionell, aber vertrau mir: Die grünen Bohnen werden das Erste sein, was aufgegessen sein wird.

- Für die Sauce den Knoblauch und den Ingwer schälen. Zusammen mit allen Zutaten in einen Food Processor oder Mixer geben und fein pürieren. Alternativ den Knoblauch und Ingwer fein hacken und mit den anderen Zutaten in einer kleinen Schüssel mithilfe eines Schneebesens verrühren.
- Die Bohnen waschen, die Enden entfernen und die Bohnen halbieren. Die Bohnen ca. 10 Minuten dampfgaren oder in kochendem Wasser ca. 5 Minuten blanchieren.
- Die Zwiebel fein hacken. Etwas Kokosöl in der Pfanne erhitzen und die Zwiebeln darin scharf anbraten. Die Bohnen hinzugeben und ca. 3 Minuten scharf mitanbraten.
- Die Sauce über den Bohnen verteilen und kurz miterhitzen. Mit gehackten Erdnüssen vermengen und sofort warm servieren.

KÜCHENTIPP

Sollten eure Gäste gegen Erdnüsse allergisch sein, kann man das Erdnussmus auch durch Mandel- oder Sonnenblumenkernmus ersetzen.

HONIG-ROSENKOHL MIT CASHEWKERNEN

Zubereitungszeit
10 Minuten
Backzeit
40 Minuten

Für 4 Personen als Beilage
400 g Rosenkohl
2 EL Balsamico-Essig
2 EL roher Honig oder Ahornsirup
60 g Cashewkerne
Meersalz

Ich muss ja zugeben, dass ich schon immer zu den Rosenkohl-Fans gehörte. Schon als Kind mochte ich Rosenkohl sogar gekocht mit Butter und Salz. Heute röste ich meinen Rosenkohl am liebsten im Ofen mit Honig und Balsamico und gebe kurz vor Garzeitende noch eine gute Handvoll Cashewkerne dazu. So werden auch eure Gäste den Geschmack von Rosenkohl ganz neu erleben und ihn lieben lernen.

- Den Backofen auf 180 °C Umluft (200° Ober- und Unterhitze) vorheizen.
- Den Rosenkohl waschen, halbieren und mit dem Balsamico und dem Honig in einer Schüssel gut vermengen. Auf ein Backblech mit Backpapier geben und ca. 30 Minuten goldbraun backen.
- Nach 30 Minuten die Cashewkerne hinzugeben und weitere 10 Minuten rösten.
- Mit Meersalz abschmecken.

HIMMLISCH FÜR KÖRPER UND SEELE, WEIL …

… Rosenkohl eine der gesündesten Wintergemüsesorten ist und wir alle viel zu wenig davon essen. Rosenkohl ist reich an Ballaststoffen, Proteinen, Vitamin C, Vitamin K, Kalium und Folsäure (Folat). Somit schützt er besonders im kalten Winter unser Immunsystem und wirkt entzündungshemmend.

APFEL-LINSENSUPPE

Zubereitungszeit
10 Minuten
Kochzeit
40 Minuten

Für 4 Personen
200 g rote Linsen
1 Bund Frühlingszwiebeln
1 Jalapeño oder Peperoni,
　oder ½, wer es weniger
　scharf mag
3 cm frischer Ingwer
3 Knoblauchzehen
2 kleine Äpfel
2 TL Currypulver
1 EL Kokosöl
1 Dose Kokosmilch (400 g)
1 l Wasser
3 EL Gemüsebrühepaste
　(Rezept S. 42)
Meersalz und frisch gemah-
　lener Pfeffer
Koriander zum Servieren

Diese sättigende Suppe war das erste Rezept, das ich nach meiner Ernährungsumstellung gekocht habe. Bis heute liebe ich die Mischung aus wärmenden Gewürzen, nährenden Linsen und säuerlichen Äpfeln. Die Suppe ist so unglaublich einfach zuzubereiten, schmeckt aber alles andere als langweilig. Unbedingt den Koriander separat servieren, falls eure Gäste ihn nicht mögen. Für mich ist der Koriander auf der Suppe allerdings das Beste.

- Die Linsen unter fließendem Wasser gut waschen.
- Das untere und obere Ende der Frühlingszwiebeln abschneiden und den Rest vierteln. Die Jalapeño entkernen. Ingwer und Knoblauch schälen und die Äpfel vierteln und entkernen. Frühlingszwiebeln, Jalapeño, Ingwer, Knoblauch und Äpfel in einen Food Processor oder Mixer geben und grob zermahlen. Alternativ alles fein hacken.
- Das Currypulver bei mittlerer Hitze in einem großen Kochtopf ohne Fett rösten, bis es sein Aroma entfaltet. Das Kokosöl hinzugeben und den Frühlingszwiebelmix darin etwa eine Minute scharf anbraten. Mit der Kokosmilch ablöschen, kurz aufkochen und die Hitze reduzieren. Alles ca. 5 Minuten köcheln lassen.
- Die Linsen, das Wasser und die Gemüsebrühepaste hinzugeben und die Suppe 25–30 Minuten köcheln lassen.
- Mit Meersalz und frisch gemahlenem Pfeffer abschmecken und mit Koriander servieren.

HIMMLISCH FÜR KÖRPER UND SEELE, WEIL …

… rote Linsen eine sehr gute pflanzliche Eiweißquelle sind. Diese Suppe ist quasi wie eine innere Heizung, die sättigt, wärmt und gleichzeitig irre gut tut.

FESTLICHES QUINOA

Zubereitungszeit
5 Minuten
Kochzeit
15 Minuten

Für 4 Personen als Beilage
200 g Quinoa
600 ml Wasser
½ TL Apfelessig
60 g Pekannüsse (optional)
Saft einer halben Orange
1 TL Kokosöl
1 TL Ahornsirup
1 TL Kurkuma
Meersalz und Pfeffer
60 g Rosinen

Dies ist wirklich eines meiner Lieblingsrezepte in diesem Buch. Das habe ich jetzt schon oft gesagt, ich weiß. Ist doch aber auch gut, denn ihr haltet schließlich ein Buch mit allen meinen Lieblingsrezepten in den Händen. Das festliche Quinoa war eines der ersten Rezepte, die ich für dieses Buch entwickelt habe, und ich bin mir sicher, dass es auch euch überzeugen wird. Der Grund ist sowohl die Einfachheit dieses Gerichtes, als auch sein wunderbar warmer Geschmack. Da es in weniger als 20 Minuten zubereitet ist, steht ihr bei Feierlichkeiten nicht den ganzen Tag in der Küche, sondern könnt euch ganz euren Gästen widmen.

- Das Quinoa mit 600 ml Wasser und Apfelessig in einem Kochtopf aufkochen. Die Hitze reduzieren und ca. 15 Minuten kochen, bis das Wasser verdampft ist.
- In der Zwischenzeit die Pekannüsse hacken und in einer Pfanne ohne Öl ca. 3–5 Minuten rösten, bis sich das Aroma entfaltet. Aufpassen, dass sie nicht anbrennen.
- Das gekochte Quinoa mit einer Gabel auflockern und mit Orangensaft, Kokosöl, Ahornsirup, Kurkuma sowie Meersalz und schwarzem Pfeffer abschmecken. Die Rosinen und gerösteten Pekannüsse unterrühren und warm servieren.

HIMMLISCH FÜR KÖRPER UND SEELE, WEIL …

… Quinoa glücklich macht! Es enthält nämlich die Aminosäure L-Tryptophan, die bei der Herstellung des Glückshormones Serotonin hilft. Somit ist Quinoa ein wahrer Stimmungsheber! Quinoa ist ebenfalls eine der besten pflanzlichen Eiweißquellen, welche die Natur zu bieten hat, da es alle essentiellen Aminosäuren enthält.

SCHOKO-VANILLEKIPFERL

Zubereitungszeit
20 Minuten
Backzeit
12 Minuten

Für ca. 20 Plätzchen

Für die Schoko-Vanillekipferl
1 EL Leinsamen
2 EL Wasser
100 g Buchweizenmehl
50 g gemahlene Mandeln
75 g Mandelmus
40 ml Ahornsirup
½ TL gemahlene Vanille
¼ TL Weinstein-Backpulver
1 EL rohes Kakaopulver, stark
  entölt
Birkenpuderzucker zum Be-
  streuen (optional)

Für die weiße Schokolade
50 g Kakaobutter aus dem
  Bio-Laden
40 g Mandelmus (am besten
  weißes)
1 EL Ahornsirup

Weihnachtsplätzchen ohne Stress und ohne Reue! In der Weihnachtszeit macht es mir besonderen Spaß, gesündere Plätzchen-Varianten zu kreieren. Diese Schoko-Vanillekipferl sind da meine Favoriten, weil man sie nicht ausstechen muss und sie somit ruckzuck fertig sind. Die weiße Schokoladenglasur ist natürlich optional, aber verleiht den Plätzchen das gewisse Etwas. Für mich sind diese gesünderen Plätzchen der perfekte Begleiter in der trubeligen Vorweihnachtszeit.

- Für die Schokolade die Kakaobutter im Wasserbad schmelzen. Mandelmus und Ahornsirup mit einem Schneebesen unterrühren. Alles auf ein mit Backpapier ausgelegtes Backblech gießen und erkalten lassen.
- Den Backofen auf 180 °C Ober- und Unterhitze (160° Umluft) vorheizen.
- Die Leinsamen mit dem Wasser vermengen und ca. 10 Minuten zum Andicken zur Seite stellen.
- Alle übrigen Zutaten mit dem Leinsamen-Mix in eine Schüssel geben und mit dem Handrührgerät zu einem Teig vermengen. Kurz mit den Händen durchkneten und 1 EL Teig abnehmen. Den Teig erst zu einer Wurst formen und dann die Enden leicht rund wie einen Halbmond eindrehen. Das Kipferl auf ein mit Backpapier ausgelegtes Backblech legen und den weiteren Teig genauso verarbeiten.
- Die Plätzchen ca. 12 Minuten im Ofen backen. Anschließend herausnehmen und komplett abkühlen lassen.
- Die erkaltete weiße Schokolade im Wasserbad erneut erhitzen. Die geschmolzene Schokolade mit einem Teelöffel über den Schoko-Vanillekipferln verteilen. Trocknen lassen und genießen!

HIMMLISCH FÜR KÖRPER UND SEELE, WEIL ...

... diese gesünderen Plätzchen mit nur 40 ml Ahornsirup gesüßt werden und somit eine wunderbare (fast) zuckerfreie Leckerei in der Weihnachtszeit sind. Übrigens könnt ihr für weiße Vanillekipferl den Kakao einfach weglassen.

KAFFEE UND KUCHEN

Gibt es eine deutschere Tradition als Kaffee und Kuchen? So ein üppiges sonntägliches Kaffeetrinken mit leckeren Kuchen, ja sogar manchmal Torten habe ich früher geliebt. Auch heute noch weckt es in mir Erinnerungen an sommerliche Nachmittage bei meinen Großeltern, die direkt nebenan gewohnt haben. Dort gab es immer die tollsten gedeckten Obstkuchen, Streuselkuchen und natürlich Rote Grütze (S. 204). Meine Favoriten waren schon damals Zwetschgen-Streuselkuchen (S. 213) sowie der Altländer Apfelkuchen (S. 223). Alle meine Lieblingskuchen finden sich in diesem Kapitel wieder – allerdings in gesünderer Form, meiner Philosophie entsprechend. Natürlich müssen es nicht immer üppige Kuchen sein. Die schwedischen Haferkekse (S. 207) könnten definitiv zu eurer neusten Versuchung werden und die Blaubeer-Muffins (S. 208) sind das beste kleine Dessert für unterwegs. Mal etwas anderes ist der spätsommerliche Hirse-Crumble (S. 219), der tatsächlich gesund und nährstoffreich ist. Für Geburtstage oder besondere Anlässe habe ich die Erdbeer-Zitronen-Torte kreiert (S. 214). Da glaubt euch keiner, dass die aus gesünderen Zutaten besteht. Auf meinem Blog füge ich bei meinen Backrezepten immer noch einen Satz hinzu: Behandelt auch gesündere Kuchen so, wie ihr es von Kuchen gewohnt seid. Esst sie in Maßen und genießt jeden Bissen.

Damit es im folgenden Kapitel nicht zur Verzweiflung kommt: Die Rezepte enthalten einige Zutaten, die für viele sicher neu sind. Auf S. 37 habe ich bereits die wichtigsten Zutaten für gesundes Backen aufgelistet. Solltet ihr gerade erst mit dem gesunden Backen beginnen, dann müsst ihr nicht sofort loslaufen und alle exotischen Zutaten kaufen. Pfeilwurzelstärke kann durch Mais- oder Kartoffelstärke ersetzt werden. Weinstein-Backpulver durch normales Backpulver. Wenn ihr nicht glutenfrei backen wollt, könnt ihr die glutenfreien Mehlsorten wie Vollkornreis- oder Buchweizenmehl durch Dinkelvollkornmehl ersetzen. Wer den Geschmack von Buchweizenmehl nicht mag, der kann es durch glutenfreies Vollkornreismehl oder glutenhaltiges Dinkelvollkornmehl ersetzen.

LISBETHS ROTE GRÜTZE

Zubereitungszeit
10 Minuten
Kochzeit
20 Minuten

Für 4–6 Personen
300 g frischer Rhabarber
1 kg frische oder gefrorene
  Beeren, z.B. Blaubeeren,
  Brombeeren, Johannis-
  beeren
120 ml frischer oder natur-
  belassener Apfelsaft
2–4 EL Ahornsirup
5 EL Chiasamen

Für die Hafer-Vanillemilch
Mark einer Vanilleschote
500 ml (glutenfreie) Hafermilch

Für mich gibt es kaum ein Rezept, mit dem ich so sehr meine Heimat und meine Kindheit verbinde wie Rote Grütze. Sie ist im Sommer doch einfach nur genial. Diese gesündere Version wird durch Chiasamen angedickt und mit etwas Ahornsirup gesüßt. Da frische Beeren im Sommer jedoch bereits sehr süß sind, kann man die Menge an Ahornsirup ganz nach Geschmack anpassen. Ich mochte Rote Grütze immer schon am liebsten pur, doch ihr könnt sie gerne mit etwas Hafer-Vanillemilch aufpeppen. Ob frische oder gefrorene Früchte, dieses traditionelle deutsche Rezept ist eines meiner Highlights in diesem Buch. Wer keinen Rhabarber mag, der ersetzt ihn einfach durch mehr Beeren.

- Den Rhabarber waschen, ca. 1 cm der Enden abschneiden und eventuell harte und faserige Stellen schälen oder entfernen. Die Stangen in kleine Stücke schneiden. Die Rhabarberstücke zusammen mit den Beeren, dem Apfelsaft und dem Ahornsirup nach Geschmack in einen großen Kochtopf geben und auf mittlerer Stufe unter ständigem Rühren erhitzen. Die Hitze reduzieren.
- Die Grütze 5 Minuten köcheln lassen und dabei die Beeren mit dem Holzlöffel leicht zerdrücken. Wer lieber ganze Beeren mag, lässt diesen Schritt weg. Nun die Chiasamen unterrühren und die Grütze vom Herd nehmen. Ca. 15 Minuten bei gelegentlichem Umrühren zur gewünschten Konsistenz andicken lassen. Nach Geschmack mit Ahornsirup nachsüßen, in eine Schüssel umfüllen und abkühlen lassen.
- Für die Vanillemilch das Vanillemark mit der Hafermilch in eine Schüssel geben und mit einem Schneebesen verrühren. Die Rote Grütze mit der Vanillemilch servieren.

HIMMLISCH FÜR KÖRPER UND SEELE, WEIL ...

... Beeren die besten natürlichen und regionalen Superfoods im Sommer sind. Sie enthalten eine besonders große Menge an Antioxidantien, die uns vor freien Radikalen und Zellschäden schützen. Von allen Beeren enthalten Blaubeeren übrigens die meisten Antioxidantien.

DÜNNE SCHWEDISCHE HAFERKEKSE

Zubereitungszeit
20 Minuten
Backzeit
9 Minuten

Für ca. 15 Kekse
130 g feine (glutenfreie)
   Haferflocken
1 Prise Vanillepulver
½ TL Weinstein-Backpulver
75 g Mandelmus (Rezept
   S. 45)
2 EL Ahornsirup
5 EL (glutenfreie) Hafermilch
50 g Kokosblütenzucker
50 g rohe Schokolade mit
   Kokosblütenzucker gesüßt,
   aus dem Bio-Laden
1 TL Fleur de Sel oder grobes
   Meersalz

Hafreflarn, wie sie in Schweden genannt werden, sind dünne Haferkekse, die nicht nur die Schweden lieben. Traditionell bestehen sie vor allem aus Butter und Zucker, doch diese Variante ersetzt Butter durch Mandelmus, wodurch die Kekse nicht nur Proteine, sondern auch wertvolle Fette enthalten. Diese Kekse schmecken am besten frisch!

- 60 g der Haferflocken in einen Food Processor geben und zu einem feinen Mehl mahlen.
- Das Hafermehl mit den restlichen Haferflocken, der Vanille und dem Backpulver in eine Rührschüssel geben.
- Mandelmus in einem kleinen Topf sanft erhitzen. Ahornsirup, Hafermilch und Kokosblütenzucker hinzugeben und bei niedriger Hitze mit einem Schneebesen verrühren.
- Den warmen Mandelmus-Mix über die trockenen Zutaten geben und mit einem Handrührgerät oder im Food Processor gut verrühren. Der Teig wird sehr klebrig sein. Zwei Backbleche mit Backpapier auslegen und den Backofen auf 160 °C Umluft (180 °C Ober- Unterhitze) vorheizen. Jeweils 2 TL Teig zu einer Kugel formen. Die Kugeln mit leicht feuchten Händen zu sehr flachen, runden Keksen formen.
- Die Kekse ca. 12–14 Minuten backen, bis sie an den Rändern dunkel werden, und komplett abkühlen lassen. Die Schokolade über einem Wasserbad schmelzen. Die Kekse zur Hälfte in die Schokolade tunken, mit etwas Fleur de Sel bestreuen und auf einem Kühlrost erkalten lassen.

HIMMLISCH FÜR KÖRPER UND SEELE, WEIL …

… Mandelmus wertvolles Vitamin E enthält – ein Beauty-Vitamin, das für schöne Nägel, Haut und Haare sorgt. Mandeln verbessern die Insulinsensitivität unseres Körpers und beugen so Diabetes vor. Auch vor dem Fett in Mandeln müssen wir keine Angst haben, denn Studien haben gezeigt, dass der tägliche Verzehr von Mandeln sogar beim Abnehmen helfen soll. Jeden Tag eine Handvoll Mandeln zu essen, reguliert die Cholesterinwerte, senkt den Blutdruck und stärkt die Darmflora. Mandeln sind also wahrhaftig ein Superfood!

BLAUBEER-MUFFINS

Zubereitungszeit
20 Minuten
Backzeit
30 Minuten

Für ca. 12 Muffins
100 g Mandeln
200 g Vollkornreismehl
1 EL Pfeilwurzelstärke
2 TL Weinstein-Backpulver
1 Prise Meersalz
50 g natives Kokosöl, evtl.
   mehr zum Einfetten der
   Form
1 große Banane (ca. 135 g)
50 g Kokosblütenzucker
120 ml (glutenfreie) Hafermilch
45 ml Mineralwasser mit
   Kohlensäure
Abrieb einer Bio-Zitrone und
   30 ml Zitronensaft
100 g Blaubeeren

Von diesen gesünderen Blaubeer-Muffins kann man ohne schlechtes Gewissen mehrere essen. Sie sind wunderbar fluffig, gleichzeitig saftig und nur mit etwas Kokosblütenzucker und Banane gesüßt. Perfekt zum Kaffeetrinken, als Nachmittags-Snack im Büro oder beim romantischen Sommer-Picknick.

- Den Backofen auf 160 °C Umluft (180 °C Ober- und Oberhitze) vorheizen.
- Die Mandeln in einem Food Processor oder Mixer mahlen und in eine Rührschüssel umfüllen. Vollkornreismehl, Pfeilwurzel-stärke, Backpulver und 1 Prise Meersalz hinzugeben und mit einem Schneebesen sorgfältig vermengen.
- Das Kokosöl ein wenig erwärmen und mit der Banane, dem Kokosblütenzucker, der Hafermilch, dem Mineralwasser sowie dem Zitronensaft und der -schale in einem Food Processor oder Mixer vermengen. Alternativ die Banane mit einer Gabel zer-drücken und mit den anderen Zutaten mit einem Handrühr-gerät vermengen. Die flüssigen Zutaten zu den trockenen geben und kurz mit dem Handrührgerät oder im Food Processor ver-rühren. Nicht zu lange verrühren, da die Muffins sonst einfal-len könnten.
- Die Blaubeeren waschen, gut abtropfen lassen und kurz mit einem Spatel unter den Teig heben.
- 12 Muffinformen einfetten oder mit quadratischen Backpapier-schnitten auslegen und jeweils 2 EL Teig in eine Muffinmulde füllen.
- Die Muffins 20–30 Minuten backen. Sie sind gar, wenn an einem hineingesteckten Holzstäbchen keine Teigreste mehr kleben bleiben. Aus dem Ofen nehmen und die Muffins auf einem Kühlrost erkalten lassen.

HIMMLISCH FÜR KÖRPER UND SEELE, WEIL …

… Blaubeeren unsere Blutgefäße durchspülen und frei von Ablagerungen halten. Studien belegen, dass Blaubeeren uns somit vor Arteriosklerose und Herz-Kreislauf-Erkrankungen schützen können. Sie sind zudem eine der besten Antioxidantien-Quellen, die es auf der Welt gibt. Pur sind sie ein besonders guter Snack, weil sie einen niedrigen glykämischen Index haben, was bedeutet, dass sie den Blutzuckerspiegel nicht so schnell ansteigen lassen und uns so vor Energietiefs schützen.

VERSUNKENER KARDAMOM-BEERENKUCHEN

Zubereitungszeit
20 Minuten
Backzeit
50 Minuten

Für eine Springform (16 cm)
etwas Kokosöl für die Form
155 ml Mandelmilch
1 EL Apfelessig
100 g Mandeln
200 g Buchweizenmehl
½ TL Kardamom
½ TL Pfeilwurzelstärke
2 TL Weinstein-Backpulver
1 Prise Meersalz
1 reife Banane
80 ml Rapsöl
100 g Kokosblütenzucker
45 ml Ahornsirup
Inhalt einer halben Vanilleschote
Abrieb einer Bio-Zitrone
150 g gemischte Beeren wie
  Himbeeren, Johannisbeeren
  oder Blaubeeren

Bei meinen Schwestern brauche ich gar nicht mit einem Schoko-
ladenkuchen anzukommen. Wir drei sind die absoluten Obstku-
chen-Fans. Ein klassischer Rührkuchen mit Obst könnte auch
heimischer nicht sein, deswegen war es mir sehr wichtig, dass
dieses Rezept in meinem Buch erscheint. Es verbindet meine Familie, unsere Herkunft und meine Leidenschaft für gesundes Essen.

- Eine Springform mit 16 cm Durchmesser mit Kokosöl einfetten.
  Den Backofen auf 160 °C Umluft (180 °C Ober- und Unterhitze)
  vorheizen.
- Die Mandelmilch mit dem Apfelessig vermengen.
- Die Mandeln in einem Food Processor oder Mixer mahlen und
  in eine Rührschüssel umfüllen. Buchweizenmehl, Kardamom,
  Pfeilwurzelstärke, Backpulver und Meersalz hinzugeben und
  mit einem Schneebesen sorgfältig vermengen.
- Im Food Processor oder Mixer die Banane, das Rapsöl, den
  Kokosblütenzucker, den Ahornsirup, den Mandelmilch-Mix, die
  Vanille und die Zitronenschale fein pürieren. Alternativ die
  Banane mit einer Gabel zerdrücken und mit den anderen Zu-
  taten mit einem Handrührgerät vermengen. Die trockenen
  Zutaten zu den nassen geben und kurz aber sorgfältig mit dem
  Rührgerät oder im Food Processor verrühren.
- Die Beeren waschen, gut abtropfen lassen und kurz mit einem
  Spatel unter den Teig heben.
- Den Kuchenteig in eine kleine Springform mit 16 cm Durch-
  messer füllen. Alternativ kann auch eine 26-cm-Form benutzt
  werden, dann wird der Kuchen allerdings nicht so hoch.
- Den Kuchen 45–50 Minuten auf mittlerer Schiene backen, bis
  an einem hineingesteckten Holzstäbchen kein Teig mehr kleben
  bleibt. Nach 35 Minuten ein Backblech auf die oberste Schiene
  legen, damit der Kuchen oben nicht zu dunkel wird. Je nach
  Backofen und Springformgröße kann die Backzeit etwas variieren. Den Kuchen komplett abkühlen lassen, bevor er angeschnitten werden kann.

ZWETSCHGEN-STREUSELKUCHEN

Zubereitungszeit
30 Minuten
Backzeit
40 Minuten

Für eine Springform (26 cm)

Für den Boden
etwas Kokosöl für die Form
120 g Mandeln
120 g (glutenfreie) Hafer-
    flocken
90 g Rapsöl
90 g Dattelsüße
1 TL Zimt
1 TL Weinstein-Backpulver

Für die Zwetschgenfüllung
1 kg Zwetschgen
1 TL Pfeilwurzelstärke
1 EL Dattelsüße

Für das Streusel-Topping
100 g Mandeln
60 g (glutenfreie) Haferflocken
2 EL natives Kokosöl
2 EL Ahornsirup
1 TL Zimt
1 Prise Meersalz

Dieser Kuchen hat etwas Wehmütiges, denn Zwetschgen läuten das Ende des Sommers ein. Gleichzeitig aber auch den Beginn des kuscheligen Herbstes, den ich auch sehr gern habe. Traditionell gibt es bei uns zu Hause Zwetschgen im Hefeteig, aber im Streuselkuchen schmecken sie mir fast noch besser. Alle meine Rezepttester haben ihm die volle Punktzahl gegeben – was mich irre gefreut hat. Die Dattelsüße könnt ihr übrigens auch durch Kokosblütenzucker ersetzen. Ich fand die milde Süße der Datteln aber besonders gut zu diesem Rezept passend.

- Eine Springform mit 26 cm Durchmesser mit Kokosöl einfetten.
- Für den Boden die Mandeln und die Haferflocken in einem Food Processor zermahlen. Alle weiteren Zutaten hinzugeben und zu einem Teig verarbeiten. Wer keinen Food Processor hat, schaut unten im Küchentipp nach. Den Teig in eine Springform geben und mit den Händen in der Form verteilen. Dabei einen ca. 2 cm hohen Rand formen.
- Die Zwetschgen halbieren, entkernen und in einer Schüssel mit der Pfeilwurzelstärke und der Dattelsüße vermengen. Die Füllung in die Springform geben.
- Den Backofen auf 160 °C Umluft (180 °C Ober- und Unterhitze) vorheizen.
- Im benutzen Food Processor die Mandeln und die Haferflocken für das Streusel-Topping fein zermahlen. Die restlichen Zutaten hinzugeben und zu einem Teig verarbeiten. Den Teig in Streuseln über den Zwetschgen verteilen.
- Den Kuchen 40–45 Minuten auf mittlerer Schiene backen und vor dem Anschneiden komplett erkalten lassen.

KÜCHENTIPP

Wer weder Mixer noch Food Processor hat, der kauft bereits gemahlene Mandeln und benutzt anstatt der Haferflocken ein (glutenfreies) Vollkornmehl nach Wahl. Die Zutaten können dann mit einem Handrührgerät zu einem Teig verarbeitet werden.

ERDBEER-ZITRONEN-GEBURTSTAGSTORTE

Zubereitungszeit
2 Stunden
Backzeit
25 Minuten

Für drei Springformen (26 cm)

Für den Teig
3 EL Chiasamen
6 EL Wasser
350 ml Mandelmilch
1 EL Apfelessig
90 g weiches Kokosöl, mehr zum Einfetten
350 g Mandeln
250 g Buchweizenmehl
3 EL Pfeilwurzelstärke
3 TL Weinstein-Backpulver
1 Banane (ca. 110 g)
100 g Kokosblütenzucker
100 ml Ahornsirup
Abrieb und 30 ml Saft einer Bio-Zitrone
2 ½ TL Vanillepulver oder das Mark von 3 Vanilleschoten
1 Prise Meersalz

Für die Erdbeer-Füllung
1,6 kg frische Erdbeeren
2 EL Ahornsirup
2 EL Chiasamen

Für die Kokos-Sahne
3 Dosen vollfette Kokosmilch (je 400 g)
2 EL Kokosjoghurt
60 g roher Honig
Abrieb und Saft einer Bio-Zitrone

Wenn ihr eure Liebsten zu festlichen Anlässen mal so richtig überraschen wollt, dann backt ihnen diese Erdbeer-Torte. Sie sieht viel aufwendiger aus, als sie ist, und wird der Hit auf jeder Party sein. Je nach Jahreszeit kann die Füllung durch saisonales Obst ausgetauscht werden und im Winter kann man einfach auf gefrorene Beeren zurückgreifen. Sollte ich einmal heiraten, dann möchte ich diese Torte als Hochzeitstorte. Sie würde sich nämlich auch sehr gut auf Hochzeitsfotos machen. Das Tolle: So gut wie jeder Gast wird sie essen können, denn die Torte ist natürlich glutenfrei, vegan und ohne raffinierten Zucker.

- Die drei Dosen Kokosmilch für mindestens 4 Stunden verkehrt herum in den Kühlschrank stellen. Alternativ für 1 Stunde ins Gefrierfach stellen.
- Die Chiasamen mit 6 EL Wasser vermengen und zum Andicken zur Seite stellen. Die Mandelmilch mit dem Apfelessig vermengen und ebenfalls zur Seite stellen. Drei 26-cm-Springformen mit Kokosöl einfetten. Den Backofen auf 160 °C Umluft (180 °C Ober- und Oberhitze) vorheizen.
- Die Mandeln in einem Food Processor oder Mixer fein mahlen. Mit dem Buchweizenmehl, der Pfeilwurzelstärke und dem Backpulver in eine Rührschüssel füllen und mit einem Schneebesen gut vermengen.
- Die Banane mit dem Kokosblütenzucker, dem Ahornsirup und dem weichen Kokosöl (bei Bedarf schmelzen), dem Abrieb der Zitrone und 30 ml Zitronensaft, dem Vanillepulver, dem Meersalz sowie dem Mandel-Essig-Mix und Chia-Mix in einen Food Processor oder Mixer geben und fein pürieren. Alternativ die Banane mit der Gabel gut zerdrücken und alle Zutaten mit einem Handrührgerät vermengen.
- Den Teig in drei gleichmäßige Portionen aufteilen, in drei Springformen füllen und mit einem Spatel glatt streichen. Alternativ den Teig hintereinander backen, wenn nur eine Springform vorhanden ist.
- Die Böden erst 20 Minuten bei 160 °C backen und dann für 5 Minuten auf 180 °C hochschalten. Die Springformen aus dem Ofen holen und gut abkühlen lassen.

- Für die Erdbeer-Füllung ein Kilo Erdbeeren halbieren und mit dem Ahornsirup in einen Kochtopf geben. Bei mittlerer Hitze köcheln lassen und die Erdbeeren mit einem Holzlöffel zerdrücken. Sobald sie gut zerfallen sind und die Konsistenz eines Pürees angenommen haben, den Topf vom Herd nehmen und die Chiasamen unterrühren. Zum Andicken und Abkühlen zur Seite stellen und gelegentlich umrühren.
- Für die Kokos-Sahne die Kokosmilchdosen aus dem Kühlschrank herausnehmen und umdrehen. Oben sollte sich das feste Kokosmus abgesetzt haben. Das Mus herausschaben und in einer Schüssel sammeln. Mit dem Kokosjoghurt, dem Honig, dem Zitronenabrieb und -saft vermengen und in einem Food Processor oder mit dem Handrührgerät zu einer festen Sahne schlagen.
- 100 g der verbleibenden Erdbeeren vierteln, den Rest in Scheiben schneiden. Den ersten Tortenboden auf eine Tortenplatte mit Fuß legen und mit einem Drittel der Kokossahne bedecken. Eine großzügige Portion der Erdbeer-Füllung darauf verteilen und mit einer Schicht Erdbeerscheiben bedecken. Den zweiten Tortenboden vorsichtig auf die erste Füllung heben. Wieder eine Schicht Kokossahne, Erdbeer-Füllung und frische Erdbeeren auftragen und mit dem letzten Tortenboden bedecken. Oben nur noch Kokossahne verteilen und mit den geviertelten Erdbeeren dekorativ anrichten. Optional noch frische Zitronenschale über der Torte verteilen.
- Die Torte kann über Nacht kalt gestellt und am nächsten Tag serviert werden. Allerdings würde ich die letzte Schicht erst am Tag des Festes auftragen, damit sie frisch aussieht.

HIMMLISCH FÜR KÖRPER UND SEELE, WEIL …

… Erdbeeren wahre Beschützer unserer Zellen sind. Sie wirken nicht nur entzündungshemmend, sondern stecken auch voller Antioxidantien, die unseren Körper vor freien Radikalen und oxidativem Stress schützen. Besonders hervorzuheben ist ihr hoher Anteil an Vitamin C – eine Handvoll Erdbeeren enthalten mehr Vitamin C als eine Orange. Ebenfalls enthalten Erdbeeren Pflanzenstoffe, die den Blutzuckerspiegel stabilisieren. Sie sind also der perfekte Snack für zwischendurch!

SPÄTSOMMERLICHER HIRSE-CRUMBLE

Zubereitungszeit
20 Minuten
Backzeit
30 Minuten

Für eine Auflaufform

Für die Zwetschgen-Füllung
1 kg Zwetschgen
3 EL Ahornsirup
¼ TL Ingwer
¼ TL Kardamom
1 TL Pfeilwurzel- oder Maisstärke
Kokosöl zum Fetten der Form

**Für das Hirse-Walnuss-
   Topping**
200 g Walnüsse
200 g Hirseflocken
¼ TL Vanillepulver
90 ml Ahornsirup
3 EL natives Kokosöl
1 TL Zimt
1 Prise Meersalz

Ich liebe Crumbles! Diese Version kombiniert meine Lieb-lings-Herbstvorboten: warme Kardamom-Zwetschgen mit einem süßen Hirse-Walnuss-Topping. Als ich diesen Crumble draußen fotografieren wollte, lernten Jannis und ich spontan zwei ganz liebe Menschen kennen, die uns sogar beim gemeinsamen Crumble-Essen an der Lüneburger Ilmenau fotografierten. Mückenzersto-chen und mit zwei neuen Freunden kehrten wir an diesem Abend glücklich nach Hause zurück. Der Crumble hat also seine ganz eigene Geschichte.

- Den Backofen auf 165 °C Umluft (185 °C Ober-Unterhitze) vorheizen.
- Die gewaschenen Zwetschgen entsteinen und zusammen mit dem Ahornsirup, dem Ingwer, dem Kardamom und der Pfeil-wurzelstärke in einer Pfanne ca. 5 Minuten auf mittlerer Stufe erhitzen, bis sie leicht weich geworden sind. Eine Backform (siehe Küchentipp) mit Kokosöl einfetten und die Zwetschen-füllung hineingeben.
- Für das Hirse-Topping die Walnüsse hacken. Die Hirseflocken, die gehackten Walnüsse, das Vanillepulver, den Ahornsirup, das Kokosöl, den Zimt und das Meersalz in eine Schüssel geben. Mit den Händen vermischen, bis alles gut vermengt ist. Das Topping mit den Händen über der Zwetschgen-Füllung vertei-len.
- Den Hirse-Crumble 25–30 Minuten backen, bis das Crumble-Topping knusprig braun ist. Am besten gleich warm genießen.

KÜCHENTIPP

Hirseflocken bekommt ihr günstig im Bio-Laden und bereits in einigen gut geführten Super-märkten. Alternativ können die Hirseflocken durch feine Haferflocken ersetzt werden. Das Crumble-Topping ist etwas großzügiger bemessen, damit es auch für größere Backfor-men reicht. Meine auf dem Bild ist 25 × 17 cm groß und damit hat man etwas Topping übrig. Für eine 30 × 20 cm Backform reicht es genau. Übriges Topping kann man prima in der Pfanne rösten und zu Overnight Oats (S. 54) oder Porridge (S. 61) genießen.

ALTLÄNDER APFELKUCHEN

Zubereitungszeit
30 Minuten
Backzeit
1 Stunde

Für eine Springform (26 cm)
120 g weiches natives
  Kokosöl, etwas mehr
  zum Fetten der Form
150 g (glutenfreie) Haferflocken
3 EL geschrotete Leinsamen
5 EL Wasser
800 g Äpfel
150 g Vollkornreismehl
20 g + 1 TL Pfeilwurzelstärke
  oder Maisstärke
1 TL Weinstein-Backpulver
1 TL Zimt
100 g Kokosblütenzucker
1 Prise Meersalz
1 EL Ahornsirup
Saft einer Zitrone

Meine Heimatstadt Stade liebe ich besonders aufgrund ihrer Nähe zum Alten Land. Im Frühling gibt es nichts Schöneres als dort durch die Kirschblüte zu laufen. Auch im Herbst zieht die Apfelernte viele Großstadt-Auswanderer häufig für ein Wochenende zurück in die Heimat. Dieser Kuchen ist natürlich kein traditioneller Altländer Apfelkuchen. Jedoch verbinde ich ihn mit meiner Heimat und wollte ihn deshalb so nennen. Am besten schmeckt er ganz frisch und noch lauwarm.

- Den Ofen auf 180 °C Umluft (200 °C Ober- und Unterhitze) vorheizen und eine Springform mit 26 cm Durchmesser mit Kokosöl einfetten.
- Die Haferflocken in einem Mixer oder Food Processor fein zermahlen. Die gemahlenen Leinsamen mit dem Wasser vermengen und ca. 10 Minuten zum Andicken zur Seite stellen. Die Äpfel schälen, entkernen und in Scheiben schneiden.
- In einer Rührschüssel das Hafermehl mit dem Vollkornreismehl, 20 g Pfeilwurzelstärke, dem Backpulver und dem Zimt sorgfältig mit einem Holzlöffel vermengen. Weiches Kokosöl, angedickte Leinsamen, Kokosblütenzucker und Meersalz mit einem Handrührgerät unterrühren. Alternativ alle Zutaten in einem Food Processor vermengen.
- Etwa drei Viertel des Teiges mit den Händen in die Springform drücken und dabei einen ca. 3 cm hohen Rand formen. Die Äpfel in einer Schüssel mit 1 TL Pfeilwurzelstärke, dem Ahornsirup und dem Saft der Zitrone vermengen. Die Apfelscheiben kreisförmig in der Springform auslegen. Insgesamt sollten drei Schichten Apfelscheiben in die Springform passen. Den Zitronen-Ahornsaft aus der Schüssel kratzen und über den Äpfeln verteilen. Den übrigen Teig streuselartig über den Äpfeln verteilen.
- Den Apfelkuchen 30 Minuten auf mittlerer Schiene backen. Nach 30 Minuten ein Backblech auf die oberste Schiene geben, damit er nicht zu dunkel wird, und den Kuchen weitere 25–30 Minuten backen. Den Kuchen komplett abkühlen lassen, bis er angeschnitten werden kann.

ELISENLEBKUCHEN

Vorbereitungszeit
30 Minuten
Backzeit
20 Minuten
Wartezeit
über Nacht

Für 1 Blech
100 g weiche Datteln
50 g getrocknete Aprikosen
100 g Mandeln
25 g Haselnüsse
80 g Kokosöl
125 g roher Honig
40 g Kokosblütenzucker
400 g glutenfreie Mehl-
    mischung (S. 42)
2 TL Weinstein-Backpulver
Abrieb einer Bio-Zitrone
    und -Orange
2 TL Lebkuchengewürz
1 Prise Meersalz
25 ml frischer Orangensaft

Für die Schokolade
70 g Kakaobutter
50 g Mandelmus (Rezept
    S. 45)
3 EL rohes Kakaopulver, stark
    entölt
2 EL Ahornsirup
20 g gehackte Pistazien

Was wäre Weihnachten ohne Lebkuchen? Zugegeben, diese Leb-kuchen enthalten viel Zucker, weshalb sie definitiv in Maßen zu genießen sind. Doch für mich gehört auch der Genuss zum aus-gewogenen Lebenstil. Lebkuchen muss in der Weihnachtszeit einfach sein.

- Die Datteln entsteinen und zusammen mit den Aprikosen in einem Food Processor kurz pulsieren, damit sie klein gehackt werden. Alternativ beides mit einem scharfen Messer hacken.
- Die Mandeln und Haselnüsse ebenfalls kurz im Food Processor pulsieren oder mit dem Messer klein hacken. Es sollten noch kleine Stücke zu sehen sein.
- Kokosöl, Honig und Kokosblütenzucker in einem kleinen Topf bei niedriger Temperatur erhitzen und etwas abkühlen lassen.
- Das Mehl in einem Food Processor oder einer Rührschüssel mit dem Backpulver, Zitronen- und Orangenabrieb, Lebkuchengewürz und Meersalz vermengen. Kokosölmischung, gehackte Nüsse, Orangensaft sowie Dattel-Aprikosen-Mix hinzugeben und alles im Food Processor oder mit dem Knethaken zu einem klebrigen Teig verarbeiten. Eventuell die Hände zur Hilfe nehmen.
- Den Teig mit den Händen in ein mit Backpapier ausgelegtes Back-blech hineindrücken. Mit einem sauberen Küchentuch bedecken und einige Stunden, am besten über Nacht, stehen lassen.
- Am nächsten Tag den Backofen auf 175 °C Ober- und Unterhitze (160 °C Umluft) vorheizen und die Lebkuchen im vorgeheizten Backofen ca. 20 Minuten lang backen.
- Die Kakaobutter im Wasserbad auf niedriger Stufe schmelzen. Alle anderen Zutaten mit Ausnahme der Pistazien unterrühren und die Schokolade auf einem mit Backpapier ausgelegtem Backblech verteilen. Mindestens eine Stunde erkalten lassen.
- Für die Lebkuchen die Schokolade erneut im Wasserbad schmelzen und über den erkalteten Lebkuchen verteilen. Mit Pistazien bestreuen und erhärten lassen. Anschließend in Rechtecke schneiden und genießen.

KÜCHENTIPP

Lebkuchen schmeckt am besten, wenn er einige Tage durchgezogen ist. Am besten Anfang Dezember backen und dann bis Weihnachten in einem luftdichten Glasbehälter aufbewahren.

BEISPIELHAFTER WOCHENPLAN

	Montag	Dienstag	Mittwoch
Frühstück	Overnight Oats **(Seite 54)**	Nordisches Birchermüsli **(Seite 57)**	Heavenly Porridge mit Toppings nach Wahl **(Seite 61)**
Mittag	Grünkohl-Taboulé **(Seite 96)**	Jannis' Goldenes Gemüsecurry **(Seite 169)**	Schnelles Pad Thai **(Seite 113)**
Snack	2 Schoko-Haselnuss-Bällchen **(Seite 157)**	Geröstete Kichererbsen **(Seite 151)**	Hummus mit Saaten-Knäckebrot **(Seiten 143 und 144)**
Abendessen **Koche die doppelte Menge für den nächsten Tag**	Jannis' Goldenes Gemüsecurry **(Seite 169)**	Schnelles Pad Thai **(Seite 113)**	Cajun-Gemüse Jambalaya **(Seite 165)**

Donnerstag	Freitag	Samstag	Sonntag
Himbeer-Protein-Bowl (Seite 40)	Chia-Pudding mit Blaubeerkompott (Seite 69)	Hirse-Kardamom-Porridge mit warmen Äpfeln (Seite 75)	Carrot Cake Pancakes (Seite 58)
Cajun-Gemüse-Jambalaya (Seite 165)	Superhelden-Süßkartoffel-Quinoa-Chili (Seite 186)	Edamame-Sommerrollen (Seite 132)	Blumenkohl-Zimt-Dal mit Cashew-Koriander-Chutney (Seite 173)
2 Kokos-Limetten-Bällchen (Seite 157)	Himmlisches Lieblings-Popcorn (Seite 152)	Schnelle Vanille-Haferkekse (Seite 154)	Altländer Apfelkuchen (Seite 223)
Superhelden-Süßkartoffel-Quinoa-Chili (Seite 186)	Hirsebällchen in würziger Tomatensauce (Seite 180)	Blumen-kohl-Zimt-Dal (Seite 173)	Marokkanischer Eintopf (Seite 177)

TIPPS FÜR GESUNDES REISEN

Ich hoffe sehr, dass euch dieses Buch neue Inspirationen für eure Ernährung geben konnte. Bevor ich mich verabschiede, möchte ich kurz noch eine Frage beantworten, die mir auf dem Blog sehr häufig gestellt wird. Wie schaffe ich es, auch unterwegs, im Urlaub oder auf einer Städtereise, gesund zu essen?

Meine Antwort ist vielleicht etwas unpopulär: durch Planung. Ich bin zwar gerne ein spontaner Mensch, aber was Urlaub angeht, plane ich gerne. Ich plane nicht jeden Tag durch, keine Sorge, doch recherchiere ich vor der Reise gerne Restaurants, Cafés und Delis, die meiner Philosophie entsprechen. Denn seien wir mal ehrlich: Jeder von uns hat diesen Moment schon einmal erlebt, wenn man komplett kaputt vom vielen Sightseeing in einer Großstadt wie Paris mal eben schnell ein Restaurant finden will, das keine Touristenfalle ist. Diese Situation kann einem ganz schön die Laune vermiesen, im schlimmsten Fall den Trip ruinieren. Kommt euch bekannt vor? Dann folgt meinem Beispiel und fragt Freunde und Bekannte oder Kollegen, die schon einmal dort waren, nach Tipps. Auch gibt es zahlreiche Blogs mit Reisetagebüchern und Restaurant-Entdeckungen. Ich selbst schaue gerne auf Happy Cow vorbei, einer Webseite mit vegetarischen und veganen Restaurants in fast jeder Stadt auf der Welt.

Gerne könnt ihr auch auf meinem Blog vorbeischauen, wo es bereits Guides für Amsterdam, Aarhus, Bali, Berlin, Hamburg, London, Lüneburg, Marrakesch, Paris und Porto gibt. Mithilfe einiger lieber Menschen aus der ganzen Welt habe ich – ohne Anspruch auf Vollständigkeit – eine Auswahl von gesunden Restaurants, Cafes oder Delis in vielen Großstädten Europas gesammelt. Nicht alle dieser Lokale sind 100 % gesund, sie bieten aber gesündere und pflanzliche Optionen an. Wenn das keine Lust auf Reisen macht!

Deutschland

Berlin: Daluma, The Bowl, Rose Garden

Bremen: Yellow Bird Coffee, Nora's Deli (Food Truck)

Düsseldorf: Lauras Deli, Greentrees, Sattgrün, Birdie & Co

Frankfurt: Vevay, Rohkosteria

Hamburg: Moki's Goodies, Was wir wirklich lieben, Paledo

Hannover: Love it Healthy, Das Hiller, Love.it.healthy, Lieb. Es.

Köln: Edelgrün, Great Berry, Wndrfuel, Der Spatz, Chum Chay

Leipzig: Kokopelli Traveler Cafe, Zest, Franz Morish

Lüneburg: Bell & Beans, Café Edelstahl, Café Zeitgeist, Sorayas

München: LAX Eatery, Emmis Kitchen, Café Wagners, Café Schneewittchen

Stuttgart: Lala Smoothie & Juice Bar, Lumen Stuttgart, Super Jami

Europa

Amsterdam: SLAA, Lavinia Good Food, Pluk
Helsinki: Roots Helskini, Date & Kale, Sandro
Kopenhagen: 42Raw, Souls, CUB Coffee Bar
London: MaE Deli, Mildred's, The Good Life Eatery
Lissabon: Pachamama, Nicolau Lisboa, Ao 26 Vegan Food Project
Madrid: Honest Greens, Raw Coco, Bumpgreen

Paris: Café Pinson, Wild & The Moon, Café Berry, La Guinguette d'Angèle
Porto: O Diplomata, Daterra, Essencia
Rom: Il Margutta, Ecru
Stockholm: Hermans, Pom & Flora, Omayma
Wien: My Health Kitchen, Naturkost St. Josef, Dancing Shiva, Simply Raw Bakery
Zürich: Beetnut, Not Guilty, Hiltl

Weitere Reisetipps

Iss natürlich, aber hab Spaß! Sicher ist es ganz besonders bei Städtetrips wichtig, den Körper mit genügend Nährstoffen und Energie zu versorgen. Doch lernt man eine Kultur besonders durch ihre landestypischen Spezialitäten kennen. Verbiete dir also nicht, in Portugal Natas, in Frankreich Croissants oder in Italien Pasta zu essen.

Nimm ein paar Snacks mit ins Gepäck. Eine Handvoll Mandeln, Kokos-Chips oder Müsliriegel passen in jedes Gepäck und verhindern Heißhungerattacken.

Trinken, Trinken, Trinken. Gerade im Flugzeug ist es wichtig, so viel zu trinken, dass der Sitznachbar denkt, man habe eine Blasenschwäche. So schafft man es, lange Flugreisen halbwegs fit zu überstehen. Auch auf Städtereisen ist es wichtig, das Trinken nicht zu vergessen.

Buche Apartments oder AirBnBs, keine Hotels. Um Geld zu sparen und den Körper ideal auf einen ereignisreichen Urlaubstag vorzubereiten, bereite ich mir mein Frühstück im Urlaub am liebsten selbst zu. Meistens gibt es eine Overnight Oats Variation (S. 54), Vollkornbrot mit Avocado oder Hummus und frisches Obst. Außerdem kann man, wenn man eine kleine Küche zur Verfügung hat, in neuen Supermärkten auf Entdeckungstour gehen. In Ländern wie den Niederlanden oder den USA ist Einkaufen ein echtes Erlebnis und keine Pflichtveranstaltung.

Mache Sightseeing zum Workout. Eine Stadt und ihre Mentalität lernt man sehr gut kennen, wenn man sich populäre Parks oder Laufstrecken online heraussucht und dort laufen, spazieren oder Fahrrad fahren geht. In Paris und London habe ich es beispielsweise sehr genossen, morgens durch die schönen Parks zu laufen. Generell finde ich es toll, dass Leihräder in vielen europäischen Städten zum Standard gehören. So sieht man viel mehr Straßen und Gassen, ist an der frischen Luft und erlebt die Stadt auf eine ganz andere Art und Weise.

Suche dir ein Yoga- oder Pilatesstudio. Wenn ich länger an einem Ort bin, suche ich mir auch gerne Yoga- oder Pilatesstudios in Städten aus. Für mich gibt es nichts Spannenderes als in einem neuen Studio zu sporteln. Die meisten Yoga- oder Pilatestudios bieten die erste Schnupperstunde sogar gratis an. Dann ist es mir jedoch wichtig, eine angemessene Spende da zu lassen.

ZUM SCHLUSS

Ein Kochbuch zu schreiben, ist eine herausfordernde Aufgabe. Ohne die Unterstützung meiner liebsten Menschen wäre *Himmlisch Gesund* nie fertig geworden.

Aus tiefstem Herzen möchte ich mich bei den Lesern meines Blogs *Heavenlynn Healthy* bedanken. Ihr macht meinen Blog täglich zu einem liebevollen Ort des Austausches, der Inspirationen und der Liebe. Durch euch wächst meine Vision der gesunden Ernährung ohne gehobenen Zeigefinger weit über das Internet hinaus. Danke an alle, die mich von Beginn an unterstützt haben und jede Woche neuen Rezepten entgegenfiebern!

Danke an meinen größten Unterstützer, meinen Freund Jannis. Ohne Jannis wäre *Heavenlynn Healthy* schon unzählige Male abgeschaltet worden. Danke, dass du immer an mich geglaubt hast, das Chaos in den letzten Monaten in unserer Wohnung ertragen hast und mich genau in den richtigen Momenten in den Arm genommen hast. Dieses Buch ist ebenso sehr dein Verdienst wie es meines ist.

Danke an meine unglaubliche Familie. An meine Eltern, die mir jeden Tag vorleben, was es bedeutet, hart für seine Träume zu kämpfen. Papa, danke, dass du jedes meiner Rezepte konstruktiv kritisierst. Deine Ehrlichkeit macht meine Rezepte besser und leckerer für Nicht-Vegetarier. Danke an Mama und meine Schwestern für die vielen aufbauenden Worte und eure unendliche Unterstützung sowie das Testen aller Rezepte.

Vielen Dank an meine wunderbare Freundin Anna. Danke, dass du immer ein offenes Ohr für mich hast. Danke an Max, den besten Reflektorhalter. Ein riesiges Dankeschön an Anna Heitmann, die uns zweimal in ihrem stylischen Haus hat fotografieren lassen. Anna, ohne dich wäre das Cover-Foto nie zu Stande gekommen! Danke an Broste Copenhagen für das Geschirr, Christian Boldt und Diana Lossin für die schönsten Fotos in diesem Buch.

Ein großer Dank geht an Stefanie Luxat, meine Mentorin. Danke, dass du mich mit deinem Wissen und deinem Talent dazu inspirierst, anders und gleichzeitig ganz normal zu sein und dies zu feiern! Danke an meinen Natural-Beauty-Coach und meine Freundin Lisa Scharff. Du hast mich gerade in der Endphase dieses Buches gerettet.

Schließlich ein großes Dankeschön an meine Lektorin Janina. Danke, dass du an *Heavenlynn Healthy* geglaubt hast. Ohne dich und deine Unterstützung wäre *Himmlisch Gesund* immer noch nur ein Traum.

Eure Lynn

Register